なぜ宗教が必要か

HSU的思考で読み解く
宗教と学問のあるべき姿

HSU

金子一之　著
Kazuyuki Kaneko

まえがき

本書は、幸福の科学が運営する高等宗教研究機関「ハッピー・サイエンス・ユニバーシティ」（以下、ＨＳＵ）で開講されている「宗教学概論」の講義録が基になっています（第６章のみ「宗教学入門」「幸福の科学実践教学Ｂ」の講義録）。

この授業は、ＨＳＵの学問的心臓部である「幸福の科学教学」から、学問の諸分野をどのように照射《しょうしゃ》できるか試《こころ》みたものです。

そこで目指したことは、

ｉ．幸福の科学教学で示している宗教的真理と諸学問の〝本質〟が一致していることを客観的に検証し、学問的理解を一層深いものにすること。また、諸学問の思想と比較しながら、幸福の科学教学に内包《ないほう》されている豊かな学問性を確認・理解すること

ⅱ．学問から宗教を排除することの限界性について考察すること

などです。

この科目は、宗教社会学、仏教学、政治学、経済学、経営学、文学、心理学、道徳、科学などの学問・教育に関する分野と、宗教に関する分野のテーマを設《もう》けて、宗教や信仰に疑問を持つ人たちの〝なぜ〟に答えていこうとしたものです。同時に、「宗教から人びとの心を遠ざけようとする学問の〝なぜ〟」についても、どう答えが出せるか、授業を通して学生たちと考えてみました。

本書はそのなかから、宗教と学問の関係（第1、6章）、宗教社会学（第2章）、仏教学（第3章）、道徳（第4章）、心理学（第5章）について扱った内容を取り上げています。特徴としては、HSUの幸福の科学教学にとって大切な「幸福の科学大学シリーズ」を主軸に解説していますので、その魅力も味わっていただけるものと思います（※）。

私たちは、HSUの創立者でもある大川隆法総裁から、人間にとって、人生にとって、あるいは学問にとって、「なぜ、宗教が必要なのか」について明確な〝結論〟を多様な角度から教えていただいております。そこで、さらに、結論に到るプロセ

※　2013年より大川隆法総裁が説かれ、96冊刊行されている（2020年9月現在）。

スへの理解を一層深め、学生一人ひとりが確信を持って、堂々と真理を伝えられるようにしたい、ということも念頭に置きました。

この内容を書籍にするにあたっては、学生たちが伝道の際に相手の方に投げかけられる知的な問いを「質問」のかたちにし、「問答《もんどう》形式」で授業の講義録を使いつつ、アレンジ、加筆・再編いたしました。

スタイルとして念頭にあったものは、内村鑑三《うちむらかんぞう》の『キリスト教問答』です。未信者と信仰者との応答を想定した、こうした教理問答の形式は、キリスト教の神学をはじめ、宗教の教学によく見られるものです。その意味では本書も、ＨＳＵの学生のみならず、幸福の科学の信者ではない方々にも、幸福の科学の宗教観を理解していただく一助となるものと思います。ご一読いただければ幸いです。

二〇二〇年　九月二九日

ハッピー・サイエンス・ユニバーシティ　人間幸福学部プロフェッサー

金子一之

もくじ

第2章　宗教組織に所属すると自由が奪われる?

第3章 宗教でほんとうに救われる？

第4章　宗教がなくても道徳で十分？

第5章 心理学は、宗教の代わりになる？

第6章 学問は、宗教を切り離すべきか？

※文中、特に著者名を明記していない書籍については、原則、大川隆法著となります。

第1章

宗教は知的ではない？

QUESTION 1

ＩＱ調査の結果、無宗教者のほうが、キリスト教や仏教の信者よりもＩＱが高かった、というデータを根拠に、「宗教は知性と反比例する」と言う学者がいるそうです。信仰を持たない友人と話していても、「宗教＝洗脳」というイメージを強く持っていて、宗教を「反知性主義」的に捉《とら》えています。

一方、幸福の科学は「教養宗教」と言われるだけあって非常に知的で、私もＨＳＵで学んでいて、「宗教心と知性が一体となっている」とほんとうに実感しています。

こうした宗教と知性の関係は、どのように説明したらよいでしょうか。

「知性」といっても単純に一括《ひとくく》りにできない

大川隆法総裁は、「知」に「二種類」あることを言及されています。

この「二種類の知」とは、「奴隷《どれい》の知性」と「宗教的な悟りの部分が入っている知性」のことです。「奴隷の知性」とは、ルールが決まっているものを解くための知力で、たとえば、「授業を受けて、よい成績を取るだけの知性」や「実際に人間に対して影響力を持たないような思想とか学問」、あるいは、その内容が人間性を向上させない、堕落《だらく》させるような知識が該当すると思います。これに対して大川総裁がもう一つの「知」として述べられているのが、宗教的悟りが入っている「ほんとうに人を生かす知識」の大切さです。（※１）

『フランクリー・スピーキング』では次のように指摘されています。

やはり、「知に二種類ある」という考えは大事な考えだと思う。やはり宗教的

※１　『人生の王道を語る』p.247、『フランクリー・スピーキング』pp.260-263

な悟性の部分が入っている知性だと思いますけれども、これはやはり言っておかないと、私は優秀な学生たちがばかになっていくように見えてしかたがないのでね。

（『フランクリー・スピーキング』二六二ページ）

以前、某有名大学出身のある議員が、自分より年上の秘書に暴言を吐《は》いたことがマスコミに取り上げられ、問題になりました。現代においては、〝エリート〟と言われる人ほど、人に対する思いやりを失って、人の心の痛みが感じられない人間、ハートが感じられない人間になっていく傾向があると言われています。今の学問は、心や魂の存在を否定しているわけですから、学べば学ぶほど、人の心がわからなくなっていく傾向があるのだと思います。

しかし、ほんとうに人を生かしたり導いたりするには、人間学や人生学を学ばなければできませんし、これこそが、宗教的教養なのです。だから、宗教的な知性を磨かずに既存の学問ばかり勉強していると、やればやるほど、「世間がわからない」

「人間の心がわからない」という人間になってしまうわけです。

その意味で、宗教にかかわる知性・教養の重要性は、もっと強調されるべきですし、「知」には二種類あることを理解して、宗教的悟りを含んだ、ほんとうに人を生かす知識を重視することが大事なのではないでしょうか。

つまり、「表面的な知識よりも奥にある、深い知識」があることを知ったとき、知的であることと宗教的であることは相反するどころか、まったく矛盾《むじゅん》しないことがわかるのです。

「宗教」という言葉の意味から考えてみる

「宗教」という言葉の語源をご存知でしょうか。

宗教のもとである religion の語源には、二つの候補があると考えられています。

まず、ローマの哲学者であり政治家であるキケロによる説です。

キケロは、『神々の本性《ほんしょう》について』のなかで、「迷信家」と「敬虔《けいけん》な者」との違いを説明しています。迷信家とは、行為の意味を考えずに、慣習的にその行為を繰り返している者を指します。一方、敬虔な人とは、神々への信仰にかかわる問題を注意深く検討し、「読み直す」（relego）ことを行った者、つまり「religiosi」（敬虔な者）です。これは、「神々を祭ることに対する反省的で賢明で合理的な関わり」を示しているというわけです。

このキケロ説に対して、三世紀末期に著述家のラクタンティウスが異議を唱え、「読み直す」のではなく、人間と神を「結びつける」ことを、religioの本源的意味としたという説があります。（※2）

ご質問に関する、宗教と知性のかかわりを思うときに、とくにキケロの言う敬虔な態度、すなわち内省的努力を要求する信仰態度は、知性というものと強い関係があるように感じます。

「頭がいい」とは、何を指すのか？

※2　三上真司著『レリギオ　〈宗教〉の起源と変容』参照。

「知性」についてもう少し掘り下げてみましょう。

『知的生活』を書いたイギリスの作家ハマトンは、「インテリジェンス」と呼ばれる知識や情報中心の知性を鳥の足（ダチョウ）に、「インテレクト」という内省感覚を伴う知性を鳥の羽（ワシ）にたとえています。「インテリジェンス」は、いわば分析的、情報処理的知性で、「インテレクト」のほうは、全体を鳥瞰《ちょうかん》する目、本質を見抜く深い洞察を伴う知性です。

私は、「インテレクト」という意味の知性が、先ほどご紹介したような、宗教的な深い知性に通じるものがあるのではないかと考えています。

渡部昇一氏は、ハマトンが二種類の知性を「ダチョウの足」と「ワシの羽」にたとえたことについて、「インテリジェンス」は地に足の着いている知力、「インテレクト」は空をかけるような知と説明されています。そして、「ワシの羽」型の知性とは単なる知識の多寡《たか》で測《はか》られるようなものではなく、聡明《そうめい》な知性であるということを、エリザベス女王（エリザベス二世）とウィルソン首相とのやり取りを例に挙げていました。

エリザベス女王は、受験や昇進試験的な内容を勉強して、その地位に就《つ》いたわけではありません。けれども、オックスフォード大学の講師を務めたことのあるウィルソン首相でも考えつかないような、別次元からの発想や指摘をされることがあり、それが首相にとってても実に痛いところをついていたそうです。こうしたエリザベス女王の知性は「ワシの羽」型の知性であると言えます。(※3)

昭和天皇にも、ワシの羽型の知性を感じさせるエピソードがあります。それは、日本経済の成長がピークに向かう一九七〇～一九八〇年代頃の話です。それまでは円安で輸出が好調であったところ、円高が進み（一ドル三六〇円から二四〇円になり、さらにプラザ合意などを経て、一二〇円台まで上がった）、日本経済の主力である自動車などの輸出産業が打撃を受け、大変なことになると騒がれました。

その際に昭和天皇は「日本の円が高くなるということは、日本人の労働の価値が高まって、日本人の価値が高くなるのだから、よいことなのではないか」という主旨のことを、ときの大蔵大臣に語られたそうです。その大蔵大臣も、財政の専門家で大学まで創立された方なので、非常にインテリジェンス（知識・情報中心の知性）

※3　渡部昇一著『クオリティ・ライフの発想』参照。

が高いわけですが、昭和天皇からご指摘されるまで気がつかず、この一言には冷汗《ひやあせ》をかいたと言っていたようです。

確かに、今まで三六〇円の品物を、その二分の一なり三分の一の値段で買えるのですから、それは豊かになった、あるいは日本人の価値が高くなったと言えます。

ある程度の知性を持った人が長い間内省し、他を思いやり、考える立場に置かれると、インテレクト（深く聡明な知性）のほうが発達してきて大空をつっ切るワシの羽のようになる。その意味で、エリザベス女王や昭和天皇は知的なのだ、というわけです（※3）。

なぜ、この世的には「頭がよい」と言われるような人よりも聡明な知性を、エリザベス女王や昭和天皇は持っていたのか。それは、朝から晩まで、二十四時間三六五日、いつも国全体、あるいは世界全体から見たイギリス、日本とはどうあるべきかについて考え続けていたからなのでしょう。

つまり、お二人が、より高いインテレクトを獲得できたのは「大きな責任感」――言葉を換えれば「国民全体への強い思いやり」のお気持ちを持っていたからではないでしょうか。

この心をどんどん広げていったなら、どうなるか。その究極にあるのは、万象万物《ばんしょうばんぶつ》に慈悲《じひ》の思いを注がれ、すべての事象を把握《はあく》されている「神の心」であり「仏の心」だと言えます。

「視野狭窄《しやきょうさく》」に陥《おちい》ってしまわないために

その意味で私は、神仏のように全体を見渡す目を持つことが、真に知的であるための大切な条件になっているように思います。

近代以降、学問の専門分化が進んで、専門家が多数輩出された面があります。もちろん、自分の専門分野を究《きわ》めて確立していくことは、その人の深い自信につながるため、悪いことではありません。しかし、専門以外のジャンルも勉強していかないとタコツボ化してしまって、全体を見渡せず、神仏に向かっていく「聡明な知性」とは反対の、「視野狭窄《しやきょうさく》」に陥《おちい》っていく面もあるように感じます。

大川総裁は、全体を鳥瞰する学問の力が今こそ必要であることを指摘されています。

今、細分化しすぎて分からなくなっているもので、それぞれの専門家が〝小さな虫のような目〟で見ているものに対し、〝全体を鳥瞰《ちょうかん》した目〟で見えるような学問的な力が必要でしょう。

そういう目を持つことなく、拡散ばかりを続けていったら、お互《たが》いに部分的なことしか分からない人ばかりが議論するような世界になります。

しかし、国の運営あるいは世界の運営ということを考えれば、その拡散している知識体系を鳥瞰して価値判断できるような目が必要だと思うのです。

（『幸福の科学大学創立者の精神を学ぶⅡ（概論）』八一‐八二ページ）

では、拡散し、部品のように散らばっている専門知識をどのように捉えれば、全体が見渡せる、聡明な知性を磨くことができるのでしょうか。

全体を統合する眼（1）――幅広い関心を持つ

大川総裁は「知の原理」という法話のなかで、ご自身が学生時代や商社時代に積まれた努力研鑽《けんさん》として、文学と言わず、芸術と言わず、科学と言わず、思想、哲学、宗教、詩、経営、法律、政治、経済、国際問題などいろいろな領野に手を伸ばしたと語られています（※4）。総裁は現在、あらゆる分野にオピニオンを発信され、日本のみならず世界の主要国に大きな影響を与えておられますが、このエピソードから、若き時代からすでにその基礎づくりをされ、ものすごい努力研鑽を積み重ねてこられたことが、改めて推測できます。

なぜ、このように幅広い関心を持つことが必要なのかといえば、一つには、考え方が偏《かたよ》っていないことが大事だからです。

一分野のみの勉強を続けていくと、どうしてもその分野特有の考え方、発想に限られて偏ってきます。偏っていると、「思い込みが激しくなる」「ガンコになって融《ゆう》

※4 『幸福の科学の十大原理（下巻）』p.33

通《づう》が利《き》かなくなる」「判断のピントがずれる（逆判断）」などの傾向が出てきます。

そのため、知性を磨くには「公平無私の精神」「不偏不党性」が必要だということは、よく言われるところです。つまり、偏らないためには、自分の知性を広範囲に働かせられることが大事です。それ自体が、その人の知性を自由にするとともに、世界全体のことを考えられる、神の如き幅広い愛の心につながっていくのだと思います。

全体を統合する眼（２）――断じて精進を続けていく姿勢

幅広い関心を持ち続けるということは、〝学び続けなければならない〟ということを意味します。学び続けるには、簡単にわかった気持ちにならないことも大事です。これは、大川総裁が大切にされている学びの基本姿勢です。

このときに、私が自分の基本的態度・姿勢として貫くべきであると思った考え方の一つは、「納得《なっとく》するまで、分かったとは思わない」という態度でありました。

「自分自身、ほんとうに心の底から納得がいった、腑《ふ》に落ちたと、ここまで分かるまでは分かったとは言えない」と、こういう態度なのです。「これが消化されないかぎり、不完全燃焼《ねんしょう》の感覚があるかぎり、断じて学ぶ姿勢を失ってはならん。断じて自己満足をしてはならん」という姿勢を貫いてきたわけであります。

そして、さまざまな思想の領域に、またそれ以外の領域にと、だんだんに分け入ったわけです。

（『幸福の科学の十大原理（下巻）』三三ページ）

私は大学生のときにこの講演に参加していたのですが、「納得するまで、分かったとは思わない」という徹底した姿勢に圧倒されたことを覚えています。

これが「正しき心の探究」という幸福の科学の基本教義に反映されているのだと思います。誠心誠意、真に真理を求め続けるということは、幸福の科学の発足《ほっそく》当初から一貫した基本姿勢なのです。

全体を統合する眼（３）――本質を見抜く

わかったと思えるところまで学び、考えるとはどういうことでしょうか。それは、その問題の本質が見抜けるということです。

たとえば、悩んでいる問題に対して、あるときパッと「これは、こういうことだったのか！」とわかるときがあります。すると、その問題に対して、急に視野が開けていくという経験をします。

つまり、ものごとの本質を見抜いていくことが、統合的に、全体的に鳥瞰する目、聡明な知性につながっていくと考えられるのです。

この〝心の態度〟が、聡明な宗教的知性を働かせる

ここまで見てきたように、真に知性があり、世の中を正しく見ることができる人になるためには、分析的で細かい頭をつくることだけに終始せず、全体的な眼を持ち、宗教的知性を磨いていくことも必要不可欠です。

そこで、ここから、宗教的知性を磨いていくための心の態度を考えてみたいと思います。

第一に、「さわやかに生きる」ということです。

それは、心のひっかかりを取り除くことです。ひっかかりがあるとき、たいてい強いこだわりを持っています。「こうでなければならない」という気持ちが強くなり過ぎると、ひっかかりが取れなくなり、公平な見方ができなくなります。だから、知性を働かせるためには、心を静めて、さっぱりした心になろうといつも心がけておく必要があるのです。

その方法としては、「自分がこうしたい」ということをいったん置いて、他人への関心、他人への愛の心を起こすことです。

こだわりとは、一つの強い自己愛なので、それと反対の心を起こしていくという方法です。これには二つのアプローチがあるでしょう。

一つは「感謝の心」です。感謝の心は、それに対して「お返しをしていこう」という「報恩」の気持ちを生みます。もう一つは、他者の才能、成功、幸福に嫉妬しないこと、つまり相手の幸福を喜ぶ「祝福の心」です。

この二つは、どちらも愛他・利他の思いです。これは、エリザベス女王や昭和天皇が持たれたようなインテレクト（深く聡明な知性）につながっていく基《もとい》になるものだと思います。

言葉を換えれば、素直な心を取り戻そうとすることでもあるでしょう。すなわち、深く聡明な知性を働かせるには、素直な心になろうと思うことが出発点なのです。

第二は、「本質を問い続ける姿勢」です。細部にこだわり過ぎると、ものごとの幹《みき》と枝の見分けがつかなくなります。そうならないように、常に「全体的視野、大きな見地から考えていこう」という態度を持つとともに、「いろいろ言っているけど、その本質は、一言で言うと何か」ということを問い続けることが大事です。

シンプルに結論を出すためには、自分の身近な生活、実体験してきたことにあてはめて考えていくのがよいと思います。生活実感に基づいた直観というのは正しいことが多いからです。

たとえば、先ほども紹介した渡部昇一氏は、『指導力の研究』という本のなかで、戦時中の、政府の官僚であるご主人とその奥さんの話を例に出しています。

ご主人のほうは、日本の中心で仕事をしているので、詳しい情報に基づいて日本はこの戦争に勝つと言います。一方、詳しい情報を持たない奥さんは、自分のある経験に基づいて、日本はこの戦争には勝てないと言います。この食い違いで、いつも夫婦喧嘩《げんか》になっていたそうです。なぜこの奥さんは、自分の結論に確信があったのでしょうか。

彼女は、若い頃アメリカで何年か過ごし、ごく普通の中流クラスの家庭にグランドピアノがあったことを見ていたのです。かたや日本の一般家庭でピアノがある家などほとんどない。この比較から彼女は、アメリカと日本の圧倒的な国力の違いを実感し、「勝てない」と主張していたわけです。

あるいは、渡部氏のお母様も、当初から日本はこの戦争に負けるのではないかと言っていた話が紹介されています。リアカーを引いていると、日本製のタイヤはパンクばかりする。しかし、アメリカのダンロップ製のタイヤは非常に丈夫である。この実体験から日米の国力の違いを感じて、戦争の結果を直観したのです。

末梢《まっしょう》情報から本質を見抜くことの例として紹介されていた事例ですが、インテレクト（深く聡明な知性）を磨くために、机上《きじょう》の知識だけでなく、実体験に基づいて結論を考えてみることの有効性も示唆《しさ》していると思います。（注）

結晶化の技術（1）――読書の時間を取る

宗教と知性の関係について考えてみましたが、幸福の科学の教学修行と知性の関係についてもご紹介しておきたいと思います。それは、「学ぶ」という知的努力の習慣化と、「統合する力」から「知的生産物に結びつける」——つまり「結晶化」の実践方法に関してです。

◆本を読むことと、インターネットで情報を集めることの違いとは

第一は、スマートフォンを触る時間とインターネットを見る時間を減らして、読書の時間をつくるということです。ネットからでも情報は取れるのですが、ネットでたくさんの情報を得ること＝《イコール》「知的」であることとは限らないからです。

「ザ・リバティ」二〇一七年九月号に「スマホに支配されない時間術」という特集記事が掲載されました。

ここでは、ある実験をしています。スマホ派と読書派それぞれ数人ずつが、情報収集、本を読む時間も含めて、トータル三時間で小論文を書くというものです。テーマは、「地方創生のために何が必要か」です。

スマホ派の人はネットで検索しながら作文し、読書派の人は図書館から関連書籍を探し出し、それを読みながら自分の考えをまとめて執筆します。

私はこの企画にかかわっており、書かれた小論文を読みましたが、このアウトプットのレベルには、明確な違いがあることに気づきました。スマホ派と比べて読書派の論文は、論理がきちんと立ち、内容がしっかりしていて、圧倒的に説得力があったのです。

スマホ派の論文は、一読して、「ほんとうかな？」と感じてしまう内容の不安定性、論拠の不透明さがあって、信頼度が薄くなりがちでした。説得力が足りないわけです。

この実験から、改めて感じたことがあります。まず、本を読む習慣を持っていることは〝力〟であるということです。

ネット情報は、精査された内容ばかりでなく、ある人の〝思いつきレベル〟のものも結構あります。つまり、玉石混交《ぎょくせきこんこう》で、情報の信用度、緻密さの点では不安定です。

一方、書籍のほうは、でき上がるまでの編集過程を見れば、たくさんの知的作業の積み重ねがあります。つまり、知の結晶物です。たとえば、著者の勉強の蓄積を、著者本人と編集者で文章化して、読み手に伝わるように洗練させたり、そこに盛り込まれている情報、知識について間違いがないかどうかの裏取りをして、何度も確認を積み重ねていくという作業をしたりします。読書は、それを読み解いていくことですから、非常に有益な知的訓練になるわけです。

◆雑情報ではなく、良質な知識を選び出す

本を読む努力に加え、良質な知識を選び出すことも欠かせません。先ほど述べた『知的生活』の著者ハマトンは、霊言のなかで、「必ずしも、『新しければいい』というものではなくて、良書というのは、必ず選抜《せんばつ》されて遺っていくので、そのあたりで、『読むのに時間がかかるけど、ある意味では、時間の無駄がない』」と述べています。(※5)

たとえば、時間の流れに耐えて遺っている古典の多くは、ここで言っている「良書」でしょう。ハマトンは、「情報」と「知識」には違いがあり、知識には、「智慧に昇華していくための基礎部分」(※6)としての力があることを指摘しています。

良書に触れることで、「雑情報」ではなく、「智慧にまで高まる本物の知識」を得

※5　『ハマトンの霊言　現代に知的生活は成り立つか』p.60
「霊言」とは、あの世にいる霊を呼び出し、その言葉を霊能者が語り下ろす現象。詳細は第6章を参照。
※6　『ハマトンの霊言　現代に知的生活は成り立つか』pp.58-59

られるわけです。

「雑情報」と「本物の知識」を見分けるには、価値の判断ができる力が必要です。すなわち、情報や知識に対して「正見《しょうけん》」ができることです。「正見」とは、仏教の反省修行「八正道」の一番目の項目であり、「ものごとを正しく見る力」です。その基には「正しさとは何か」という見解が必要ですが、これを形成するものが、仏法真理です。

したがって、仏法真理を学ぶ「教学」の修練が、本の内容を正しく読み取る力になります。すなわち、教学と良質な本を読むことが、雑情報と普遍的知識を見分ける訓練になるわけです。

結晶化の技術（2）――読書の質を上げる

第二に、ただ漫然《まんぜん》と読むのではなく、読書の質を高める訓練が必要です。大川総裁は、ハマトンの主張から、次のように指摘します。

ハマトンは、「知的鍛錬《たんれん》、知的訓練をしていなかったら、何事も成せない」ということを、はっきりと冒頭《ぼうとう》のほうで述べています。

「人々が知らないような情報を抜《ぬ》いてくる」とか、「ただただ〝ザル読み〟だけをすればよい」とか、そのようなことは言っていません。「知的鍛錬が必要だ。それを一定の期間やらない人には、それから先がない」ということを、はっきり言っているのです。（中略）

問題は、「知的訓練をしている若いころには頭のよかった人でも、放置すれば、やはり錆《さ》びつき、劣化《れっか》してくる」ということです。これに気がつかない人が多いのです。

（『ハマトンの霊言　現代に知的生活は成り立つか』二六 - 二七ページ）

◆頭を〝劣化〟させていないか

頭を劣化させないための訓練として有効だと私が考えるのは、第一に、学んだことをアウトプットする機会を定期的につくっていくことです。

『大川総裁の読書力』には、読書人にとって手厳しい、次のような指摘もありました。

知的情報処理をやっても、結局、アウトプットを伴わないものは無駄だと私は思うんですよ。（中略）それを生産物として結晶化する能力のない人は、ただの〝ヒマ潰し〟ですね。（中略）読んでも時間の無駄です。

もう一つは、統合能力ですね。いろいろなものを読んで、それをトータルで統合して体系化したり、あるいは、一つのテーマに沿って知識を構成していく能力がない人は、読めば読むほど、アウトプットというか、知的生産ができなくなっていくんですよ。結局、情報量が増えたら、まとまりがつかなくなって、訳が分からなくなってくるんです。

（『大川総裁の読書力』四〇ページ）

読んだ内容を何とか自分のものにしたいと思いつつ、読み散らかして終わっているのが、私を含め、多くの読書人の悩める姿であるでしょう。
「読書とは他人にものを考えてもらうことである。一日を多読に費やす勤勉な人間はしだいに自分でものを考える力を失ってゆく」とは、かのショウペンハウエルの『読書について』の名文です。先の大川総裁の指摘を学んだあとに、ショウペンハウエルのこの警句を考えてみると、「やはり、自分でものを考えられる読書力＝アウトプットの伴う読書力をつけなければならない」と焦りにも似た不安がよぎってくるのは、決して私だけではないと思います。

◆主体性を持って読む

では、〝自分でものを考える〟ために、主体的に本を読むにはどうしたらいいのでしょうか。『幸福の法』には、このように説かれています。

漫然と読んでいる人は、本などを読むときに、ポイントを押《お》さえる工夫をしたほうがよいのです。本を一冊《いっさつ》読み終えたときには、「この本で何が参考になったか」ということを考えてみる訓練《くんれん》が大事です。
著者《ちょしゃ》に本を〝読まされる〟のではなく、主体的に本を読むことが大切です。（中略）「自分にとって役に立つ部分はどこか。自分にとって役に立つ情報はどれか。自分にとって役に立つものは何か」という目を忘《わす》れてはいけません。
「この本のなかで、何が自分にとって参考になるのか。何が自分の役に立つのか。何が自分に影響《えいきょう》するのか」ということを見る目を持っていれば、勉強もできるようになりますし、仕事もできるようになります。

（傍線は筆者。『幸福の法』九六 - 九七ページ）

つまり、自分にとって参考になる視点は何かを考えて、読了後にそのポイントを押さえればいいのです。

◆知識を血肉化するための「三点読書術」

私は十年ほど前、これらの内容を改めて考えてみて、良質のアウトプットができるようになるために、読書を通して学んだポイントを押さえる訓練を行ってみました。実践したことは、次の四つです。

i. 読んだ本のなかで、これは是非とも理解を深めたいと思った本を一冊選ぶ。
ii. その内容を、「三点」に絞ってまとめてみる（その基準は、自分にとって参考になったこと）。
iii. 自分のなかで三点に理解を収斂《しゅうれん》できるまで、赤線を引いた箇所、印をつけたところを中心に繰り返し読む（精読すること）。
iv. それを四千字程度で、「マイ書評」としてまとめてみる（これにはあまり時間をかけ過ぎない）。

これらを、一年半程度、週に一冊のペースで実践してみました（パーフェクトではありませんでしたが）。そのほとんどは、通勤の電車のなかで、本を閉じて自分は何を学んだかを問いかけて、心のなかから湧き出てくる言葉を、なぐり書きのようなかたちでメモに取り、それをパソコンに打ち込むという方法です。

このように、自分なりに方法をパターン化して継続する努力をしてみたわけです。ただし、読書の量は落とさないように、週のうちの一日だけを「書評」づくりにあてました。

なぜこのような実践をしたかというと、アウトプットの習慣をつくることができれば、情報・知識を「結晶化」していくこと、知的生産物を生み出していくことが可能になると思ったからです。（※7）

その結果、五〇冊程度の「マイ書評」をつくってみたのですが、その効果は思った以上にあったと思います。

一つ目の効果は、その本に対する自分の理解をかたちにすることで、「自分は本が読める」という感覚を持てたことです。

二つ目の効果は、図らずも、その内容の一部が、自分の説法ネタや書籍ネタに使えるストックとなったことです。

三つ目の効果は、主体的な〝読み〟の訓練になっているので、「考える力」「アイ

※7　『智慧の法』第２章、『幸福の科学大学創立者の精神を学ぶⅡ（概論）』第１章参照。

デアを出す力」につながったことです。「これで、あのショウペンハウエルの言葉に脅《おびや》かされることはない」という安心感も得られました。

これらは、大川総裁の説かれる読書論のごく一部を、自分なりに工夫して実践に移してみたものです。「何やら大変な」と思われるかもしれませんが、やってみると意外と楽しいものでした。

書くことの訓練になると同時に、自分の考えをまとめる習慣を持つことで、読み方も深くなりました。また、多様な情報・知識を無理やり三つにまとめることで、小さなレベルではありますが、統合能力の訓練にもなったのではないかとひそかに感じています。

◆「考え抜く力」を磨く

知的訓練として大切だと私が考える第三のポイントは、「考えには力がある」ことを知ることです。もっと言うならば、〝練り込んだ考え〟には力（パワー）があると知ることだと思います。

たとえば、付加価値を生むには、アイデアを出せなければなりません。「一工夫《ひとくふう》」を思いつくかつかないかで雲泥《うんでい》の差が出るからです。そして、この力は、自分の悩み解決にも威力を発揮するはずです。つまり、アイデアによって幸福の創造ができるということです。

そのためには、まず、考える習慣を持つことです。〝没頭できること〟と言い換えてもよいです。考え抜かないと、アイデアが出てこないからです。

考え抜き、没頭するためには、一つの条件があるように思います。それは、考える材料が心に蓄積されていることです。よい材料を集め、心に蓄積するには、明確な「アウトプットの目標」を設定するとよいでしょう。学生でいえば、「授業で発表する必要がある」とか「レポートを提出しなければいけない」などの機会があると、読書や知的作業が散漫にならず、緻密になり、心に刻まれていきます。

あるいは、考え抜くには、柔軟《じゅうなん》な態度も重要です。つまり、「できない」という縛りをほどいて、「どうしたらできるか」という積極思考を持つということです。そうしないとアイデアは出ません。

もう一つ大事なことは、考え抜いた結果得られる、「今まで見えなかったことが見えてくる」「新しい地平が開けてくる」体験を重ねることだと思います。これは、心が躍るような喜びを伴うものです。こうした喜びを知ることによって、考え抜くことができるようになります。

◆「知的正直さ」を心がける

そのためには、「知的正直さ」を心がけることが大事だと思います。先ほどご紹介した大川総裁のお言葉にこんな一節がありました。「自分自身、ほんとうに心の底から納得がいった、腑に落ちたと、ここまで分かるまでは分かったとは言えない」という態度、すなわち、「自分をごまかさない。わかったふりをしない」ことです。

結局、「正直」でないと、天上界の光を受けることができません。つまり、インスピレーションも受け取ることができないのです。

実は、天上界からのインスピレーションこそが「智慧のもと」なのです。この智慧には、神仏の光が込められています。これを伴わないものは基本的に、人を感動させることはできないと思います。つまり、幸福を創造できる智慧になり得ないわけです。

こうしてみると、知的生活が求める「知」とは、天上界の叡智《えいち》、神の叡智であり、この叡智と一体となる生き方が知的生き方の原点にあるものだと思います。神の叡智と一体となった生き方とは何を指すのかと言うと、偉人の生き方であるし、光の天使の生き方だと思うのです。すなわち、天使としての生き方を体現させるものが智慧であり、それが「知的生き方」の基にあると言えるのではないでしょうか。

結晶化の技術（3）――文章と編集の技術を身につける

さまざまな知識や思考した内容を結晶化して一つのかたちに仕上げるには、「文章の技術」と「編集の技術」も必要だと思います。

まず、考えていることを「言語化」できること、言葉にする力が必要です。これは、読書によって身につけるものです。

次に、他人が読んで理解できる文章を書くことです。筋《すじ》が通っている文章、主語・述語が正しくつながっている文章、あるいは、修飾語の使い方を工夫して、読みやすい文章を書く技術です。

さらに、「編集の技術」を身につけることが力になると思います。これは、ある程度分量のある内容をまとめるために必要な能力です。アウトプット（知的生産）をするには、そのテーマに関する知識・情報を基にしたインプット（学習）が必要になります。しかし、膨大《ぼうだい》な知識・情報をどのような方向でまとまりをつけていくか、わからなくなっていくことがあります。そのときに力を発揮するのが、「編集力」です。

集めていた知識や情報は、最初の段階では、断片的であることが多いでしょう。そのままであればパラパラの状態なので、これに共通の意味やつながりを見いだしながら、一つの作品に仕上げられるかどうかが勝負になります。

その方法としては、「テーマ」とそれに関連すると思って集めてきた「知識・情報」を見て、構成を考えます。本や論文で言えば、「目次」をつくることです。最初の段階では、「章立て」ぐらいの大きな柱を立ててみます。

ＫＪ法（図解参照）などの要領で、それぞれの情報に見出しをつけて〝似た者同士〟でグルーピングしていきます。この、いくつかの〝まとまり〟をつけていくためのコツは、「概念化」です。あるいは、その内容に合わせて上手なネーミングをしてみることです。

さらに、ネーミングしたもの同士で似たものを集め、それらの共通点、つまり、その「上位概念」を考え、またネーミングします。こうして章立てができると、持っている知識・情報を分類することができ、第一段階の整理がしやすくなります。

概念をつかみ、柱を立てる力をつけるには、読書をするときに「目次」をよく見て、その本の構造はどうなっているのかを推測する努力をするとよいでしょう。

慣れてくれば、ガーッとインプットするといちいち分類することなく頭のなかで柱立てができるようになると思います。

私も、編集の仕事に携わっていた頃、そのままでは雑多でばらばらに見えるものでも、そこから共通テーマを見いだし、構造化して筋の通った内容に仕上げるとい

《KJ法》

図解

STEP .1 テーマに合わせて使えそうな知識・情報を集める

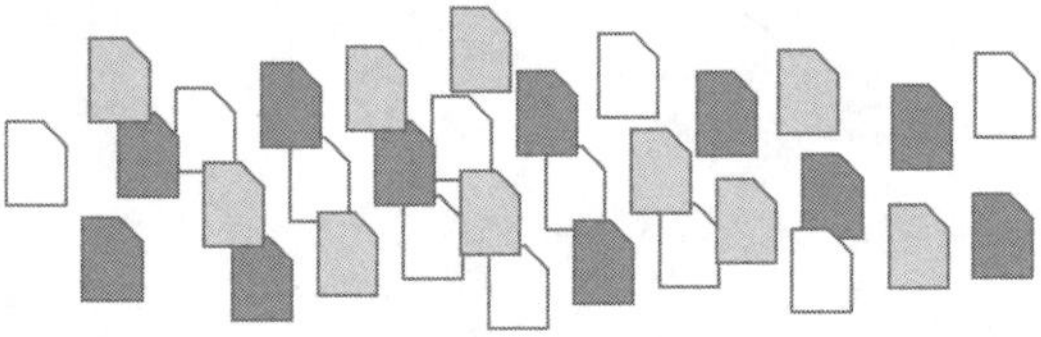

STEP .2 それぞれの内容で似たものをグループ分けする

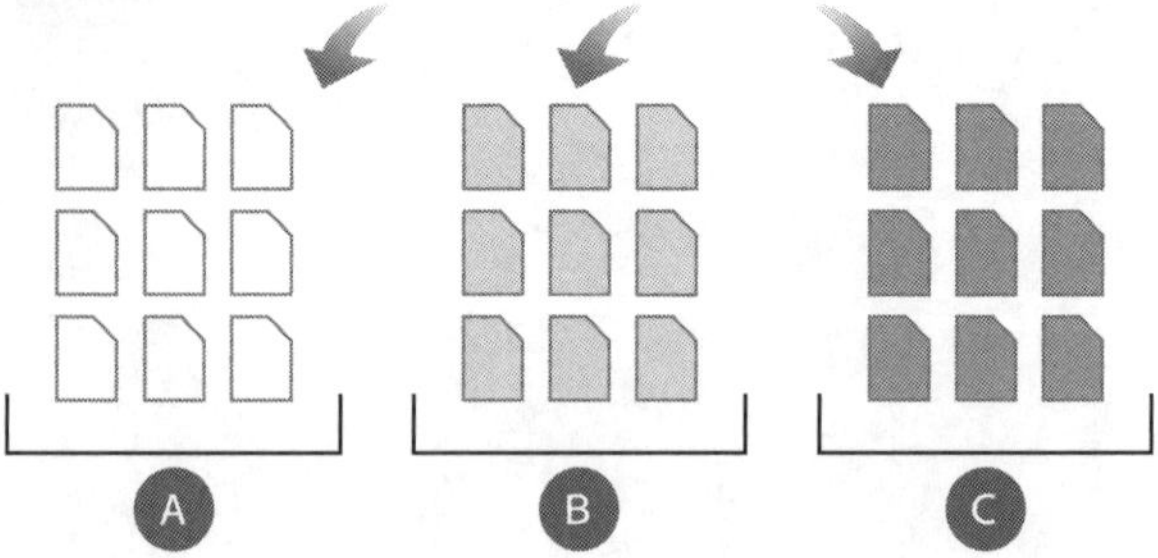

STEP .3 グループに「なまえ」をつける

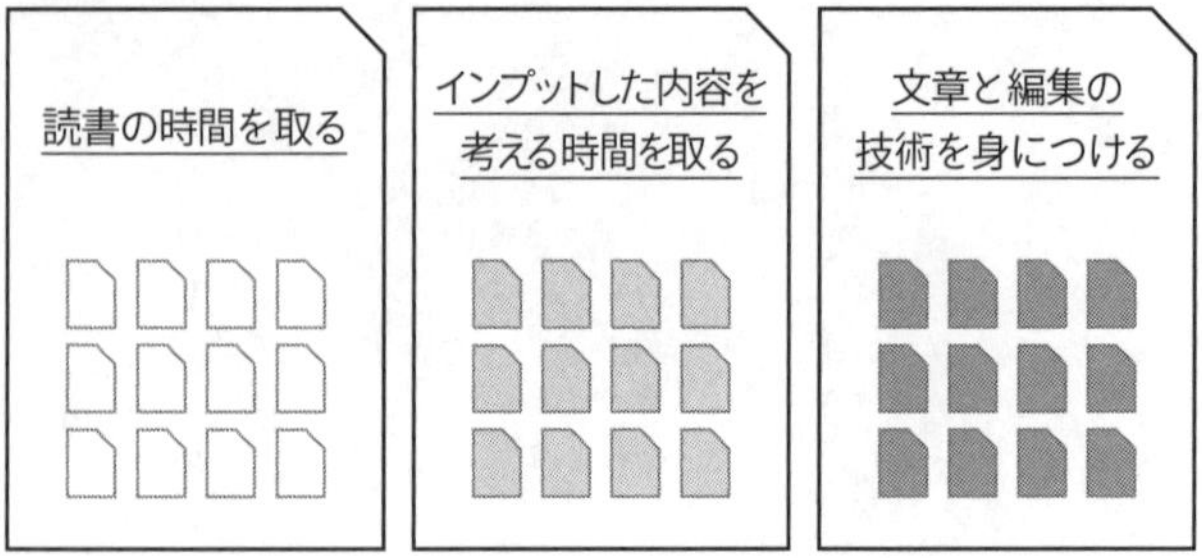

うことを、多少訓練しました。

これが、いろいろな情報を有機的に結びつけて、知的生産物にまで仕上げる力につながっていくと思います。

こうした知的訓練と「知」の高度化は、幸福の科学の各種セミナーを通した経典《きょうてん》学習や御法話拝聴会、精舎《しょうじゃ》研修などの教学修行によって、そうとうのものが身につきます。

もちろん、ＨＳＵの幸福の科学教学や一般・専門科目の学修も、この知的鍛錬がベースにありますから、同様の効果があると考えています。

その意味で私は、聡明な知性の開発の基礎には、しっかりした宗教的精神や宗教修行が必要である、ということを実感しているのです。

【脚注】

（注）もちろん筆者は、単純に国力の差だけが勝敗の要因と考えているわけではなく、日本側にも、もっと有利に展開できるチャンスは幾度もあったと考える。ここで取り上げたエピソードは、その人の生活実感に基づくなかに働く洞察力の例として挙げたものである。

第2章

宗教組織に所属すると
自由が奪われる？

QUESTION 2

私の友人のなかに、「宗教＝《イコール》〝洗脳〟」というイメージを強く持っている人がいて、私が幸福の科学の信者であることを信仰告白すると、とたんにフリーズして話題を変えようとしたり、距離を取ろうとしはじめたりします。

とくに、一九九五年に起こったオウム教による「地下鉄サリン事件」のために、そのイメージが固定されている人は多いようです。

また、個人で信心《しんじん》している分には干渉しなくとも、それを人に勧めることに対する拒否反応があったり、「何か騙《だま》されるのではないか」と宗教組織に対して漠然《ばくぜん》とした不信感のようなものを持ったりしている方もいます。

そうしたネガティブなイメージの背景には「宗教には縛りがあって、信じると不自由になる」という感じがあるようなのですが、「宗教にかかわらない」ということがほんとうの自由と言えるのでしょうか。

宗教心が芽生えないようになっている現代の教育

「宗教の自由・不自由」の話に入る前に、宗教に対してネガティブイメージを持つ人が多い理由から説明します。ご質問にもあった通り、「地下鉄サリン事件」など一部のおかしな宗教が事件を起こしたことで、宗教界全体に悪いイメージを植えつけられてしまったという面もありますが、一方で、日本の義務教育にも問題があるのではないでしょうか。

たとえば、「教育基本法」です。宗教を尊重する方向性は出されているものの、国公立の学校の現場から特定の宗教を排除しようとする趣旨の規定が入っています（※1、注1）。この規定は、「宗教的中立性」と言われるようですが、実質上、国公立での宗教教育は行えないようになっています。

その結果、幼少時から、宗教について勉強する機会が少なく、扱いがわからなくなるのだと思います。さらに、「教育で触れてはいけないということは、何か悪い

※1　『生命の法』第3章参照。

もの」であるかのように扱われていて、いわば宗教に関する〝洗脳〟のようなことが行われているに等しい面もあるでしょう。

大学では、宗教についての学問として「宗教学」があり、学ぶことも可能になるのですが、信仰などの特定の価値観を排除した中立的立場で宗教を扱うことが基本スタンスですし、そのなかには、信仰に否定的なニュアンスも多分にありますから、〝ヘタ〟に学ぶと、逆に宗教に対するネガティブなフィルターがかかってしまうこともあります。

戦後の日本の「仏教学」などは、中村元《はじめ》（一九一二 - 一九九九）らの著名な仏教学者に見られるように、仏教のなかにある神秘性を剝《は》ぎ取って、文献学、考証学的な実証性や唯物論を中心に仏教を解釈することが学問（仏教学）であると考えている面があるようです。たとえば、釈尊については、大悟に伴う霊性の発現やその偉大性には目を向けず、あくまで「人間・釈迦」として扱おうとするわけです。

「魔術からの解放」の影響について考える

こうした流れ自体は、日本の学問界だけの問題ではありません。実は、ドイツの哲学者イマヌエル・カント（一七二四 - 一八〇四）以降、学問的態度の〝主流〟をなしてきました。つまり、「宗教を追い出すことが、学問的態度である」という誤解が、長い間続いているのです。

たとえば、ドイツの社会学者マックス・ウェーバー（一八六四 - 一九二〇）は、「魔術からの解放」（脱魔術化）という言葉を使いました。『職業としての学問』や『プロテスタンティズムの倫理と資本主義の精神』などに書かれています。

この言葉がどのような影響を私たちに与えているのか、大川隆法総裁のお言葉をヒントに考えてみたいと思います。

（編集注。カントが）ご自分で書かれた『啓蒙とは何か』で、その後、教会による洗脳から人々を解き放ち、マックス・ウェーバー的に言えば、「魔術《まじゅつ》からの解放」が成し遂《と》げられていく「学問の発達」になってはいったわけですが、一方では、「宗教の追放」および「宗教の非公認化」、あるいは「地下潜《もぐ》り」になっていった流れがあります。特に、この百年ほどはそういうところがあるでしょう。

（『カント「啓蒙とは何か」批判』二九ページ）

これは、カントの『啓蒙とは何か』が学問界に与えた影響についてのご指摘なのですが、ウェーバーの「魔術からの解放」という考え方なども、同様の作用があったようです。

『プロテスタンティズムの倫理と資本主義の精神』には、キリスト教のプロテスタントの倫理の実践のなかに、神の眼から見た「繁栄」があることが述べられています。

そのプロテスタントの倫理とは、「勤勉《きんべん》の精神」です。すなわち、「勤勉の精神を発揮して神の栄光をこの地上に顕《あらわ》すことが、選ばれし人の証明である」ということを主張しているのです。その基礎には、カルバン（一五〇九 - 一五六四。フランスの宗教改革者）の予定説があります。そして、このプロテスタントたちの勤勉さは、「魔術から解放」されたことによるとウェーバーは考えたわけです。

ウェーバーによれば、魔術から解放されたプロテスタントは、合理的生活態度（世俗内的禁欲）を持つ「新しいタイプの宗教人」とされます。魔術からの解放とは、〝救いの手段〟としての「呪術」（聖礼典《せいれいてん》）の排除を指します（※2）。「呪術に頼らない勤勉な生活態度から、資本が蓄積されて『資本主義』が生まれる。欧米のキリスト教諸国が繁栄しているのは、これを実現できたからである」というのです。

すなわち、ウェーバーは、高等宗教のメルクマール（指標）を「宗教の倫理化」に求めました。勤勉に規律正しく生きる倫理化された宗教は、「脱魔術化」を果たした進化した宗教であるとしたのです。（※3）

また、プロテスタントたちは、聖書にある通り「金持ちが天国に入るのは、ラクダが針の穴を通るよりも難しい」という「反マモン」（注2）的な言葉にしたがった生き方をしました。営利を第一の動機としないという「宗教的禁欲」をしながらも、

※2　マックス・ヴェーバー著『プロテスタンティズムの倫理と資本主義の精神』p.157、p.161、p.196
※3　金井新二著『ウェーバーの宗教理論』p.4 参照。

勤勉と貯蓄に励み、資本主義による繁栄をもたらすこととなりました。「プロテスタントは禁欲的でありながらも繁栄する」という逆説を示しているのが、ウェーバーの主張です。

「脱魔術化」「倫理化」「合理性（化）」など、似たような意味合いの概念が出てきてややこしいのですが、ある研究者は、「脱魔術化＝倫理化」で、この両者を中核に含んだもう少し広い範囲の概念を「合理化」としている、という説明をしていました。この「合理化」も、ウェーバーの思想の重要なキー・ワードです。

ともあれ、ウェーバーは、前述の「禁欲の精神」と「合理主義」について「これこそがまさに唯一の問題点であり、この研究全体の中心にほかならない」（※4）と語っています。

「脱魔術化」の問題点について

この「脱魔術化」は、近代的合理主義を確立し、宗教的精神と経済的発展を結び

※4　マックス・ヴェーバー著『プロテスタンティズムの倫理と資本主義の精神』p.294

つけた意味で人類の幸福に貢献した面もありますが、同時に、ある問題をも含んでいると思います。

第一の問題◆「宗教の脱魔術化」は信仰の否定につながりかねない

第一は、宗教から神秘性が排除されていくと、その宗教は「世俗化」してしまうという点です。あるいは、合理性をつき詰めていくと、霊的な救済力が失われて、形骸化《けいがいか》していきます。

しかし、ある意味で「信じる」ということの本質は、「不合理なるがゆえに我は信ず」という態度です。合理的に実証されたことを受け入れることは、「信じる」というより「目に見えるものを確認する」というだけのことだからです。

したがって、「不合理化」を否定してしまっては、宗教の核心たる「信仰」の否定につながっていくことになってしまいます。すなわち、「脱魔術化」は、宗教の〝進化〟どころか、〝衰退〟につながりかねないのです。

ただし、ウェーバー自身は、宗教のなかにある「不合理性」を否定しているわけではありません。この「不合理なるがゆえに我は信ず」の境地を、「『知性の犠牲』の達人」(※5)と表現しているからといって、宗教が知性に反しているという意味で言っているのでもありません。

むしろ、宗教や信仰を、自らを飾るために使おうとする当時の知識階級の「自己欺瞞《ぎまん》」に対して痛烈な批判をしています。同時に、西洋の神学がギリシャ精神に基づいていることや、神秘的な考え方をすることは、非常にまじめで誠実な、真の信仰を持つ人たちにとって正当な姿勢であることをも強調しています。(※6、注3)

さらに、『プロテスタンティズムの倫理と資本主義の精神』から読み取れるウェーバーの本意は、宗教の神秘性をすべて否定することではなく、プロテスタントと比較して、伝統主義的で個人の自由を縛るようなカトリックへの批判をしている面があったのでしょう。

にもかかわらず、現代の学問界では、「学問から宗教を追い出すことが『魔術からの解放』である」と、ウェーバーの思想を曲解して捉《とら》えている向きがあります。

この点についてウェーバーは、大川総裁の霊言を通して、その本意を語っていま

※5　マックス・ウェーバー著『職業としての学問』p.70
※6　マックス・ウェーバー著『職業としての学問』pp.67-71

す（※7）。それによると、「魔術からの解放」には正しい面もあるが、学問にある側は魔術を完全に否定するのではなく、人間の精神や心の影響があること、「未知の領域」がまだ残っていることなどを理解する必要性があることを述べています。

第二の問題◆学問の専門分化による弊害現象

第二に、カトリック教会の支配からの脱却や近代科学の興隆によって、自由に学問ができるようになり、学問研究の裾野《すその》が広がりました（いわば、「学問の民主主義化」が起きた）が、その結果、〝小さな専門家〟が多数出現して、学問が専門分化したことによる弊害《へいがい》現象も起きてきました。さまざまな知識が増えましたが、細かな点にとらわれて全体観がわからなくなってきたわけです。こうした尻尾が頭を振り回すような状態に、「学問の混乱が起こってきた」と言えると思います。

また、ウェーバーの霊言によれば、「人間には、肉体だけでなく魂《たましい》もあるので、死ぬと魂はあの世に還る」が、「そういう専門分化した学問をやった人」は、「人の意見を素直《すなお》には聞かない」ので、「（天上界にいくのが）意外に難しい」と言います

※7　『マックス・ウェーバー「職業としての学問」「職業としての政治」を語る』pp.71-83 参照。

（※8）。これは、「学問の専門分化」「脱魔術化」による弊害が、霊界においても起こっていることを意味します。学問をやって、死後、天上界に還れないのならば、これは人間として進化しているのではなくて〝後退〟している面があると考えられないでしょうか。

ウェーバーは、学問上の仕事を完成させるには専門を絞るべきだと述べていますが（※9）、ウェーバー自身はといえば、幅広く全体的に社会を研究しました。霊言ではさらに、次のようにも語っています。

マックス・ウェーバー　（中略）例えば、経済だけをやった人は、経済が人間の社会を全部動かしているような気になってしまうけど、実際はそうじゃないですよね。哲学をやった人は「哲学だけか」と思うけれども、そうでもないし、狭《せま》い意味での宗教をやったら、「宗教が全部を動かす」と思うかもしれないけど、実際は、そうでない面もある。

そういうふうな、「両方の目は必要だ」という考えを基本的には持っていまし

※8　『マックス・ウェーバー「職業としての学問」「職業としての政治」を語る』p.82
※9　マックス・ウェーバー著『職業としての学問』参照。

た。まあ、明確に、そう書いているわけではありませんけども、やっぱり、「全体の構図のなかでの自分の与えられた職業や、それに合った学問とは何か」という観点を教えるつもりはありましたね。そのつもりで研究はしていましたね。（傍線は筆者。『マックス・ウェーバー「職業としての学問」「職業としての政治」を語る』六三 - 六四ページ）

つまり、ウェーバーは、「本当に究《きわ》めようと思えば、ある意味で、断念しなければ究められない」面があるが、「本当は、それでいいとは思っていない」ということだったのです。専門分野と社会全体を見る「両方の目は必要」であるという考えを基本に据え、「『全体の構図のなかでの自分の与えられた職業や、それに合った学問とは何か』という観点を教える」ことがウェーバーの真意でした。（※10）

なぜ、ウェーバーの意図に反して、安易な専門分化が進んでしまったのでしょうか。それは、「専門家であることに甘んじている」ところに問題があるためではないかと私は考えています。私自身、狭い視野に陥《おちい》りがちなことを日々反省しきりです

※10　『マックス・ウェーバー「職業としての学問」「職業としての政治」を語る』pp.67-68

が、その原因は、己自身の怠惰《たいだ》な心にある、と実感しています。

私たちは、大勢の人とともに同時代を歩んでいます。ですから、常に全体のなかで自分の果たすべき役割を考えなければならないはずです。そのためには、自分の周辺、社会、世界がどうなっているかという全体観を磨き続けなければ、その位置づけはわからなくなります。

マネジメントの世界でよく言われる「部分最適」と「全体最適」の違いのようなものでしょうか。いくら「部分的には最適状態」にあるとしても、「もう一段大きな仕事のなかで最適がどうか」は、必ずしもその限りではないことがあります。部分だけの正解を集めていっても、全体の最適化にはならないことが、現実にはたくさんあるのです。その意味で、部分最適で完結するのではなく、全体の世界に対する全体最適を目指さなくてはならないのです。

第1章においても、「視野狭窄に陥る罠《わな》」に警鐘《けいしょう》を鳴らしましたが、当然、私たちは完全な知的視野を獲得することなどできません。しかし、専門という一種のコンフォート・ゾーンに安住しがちな自分を叱咤激励《しったげきれい》し、世の中全体を観る眼と、自分の専門分野の眼の両方を統合すべきだと自戒し続ける努力、そして覚悟がなくてはいけないのだと私は感じています。

マックス・ウェーバーとカール・マルクスの思想的違い

「資本主義」に対するアプローチの二大双璧《そうへき》は、このウェーバーの思想と、カール・マルクスの『資本論』でしょう。そこで、さらにウェーバーの思想の特徴を、マルクスとの比較で考えてみたいと思います。（注４）

①「神への愛」による学問的努力を積んだウェーバー

マルクスの流れについて、『マックス・ウェーバー「職業としての学問」「職業としての政治」を語る』ではこのように言及されています。

マックス・ウェーバー　（中略）このカール・マルクスの流れ自体は、やはり、「無神論的な流れのなかでの、経済的な発展や繁栄《はんえい》がありえる」というような考え方で、新しい思想の枠組《わくぐ》みをつくろうとしてたんだと思うんです。

けれど、私のほうは、要するに、「『神は死んだ』という思想のほうにはつながらない、『プロテスタンティズムが生きており、古代のユダヤの思想もまだ生きている』という流れのなかで、それらに現代的にイノベーションがかかって、新しい学問になりうる」という考え方ですね。

そういう意味で、「『宗教性を持ったものや宗教は、過去のものになってしまうのではなく、新しいものとして、姿を変えて、社会の発展・繁栄に生かすことができるものだ』ということを学問的に体系化して、つくり上げて、これからの時代、二十世紀、二十一世紀以降の人たちに対する、新しい学問の出発点としての足場を、もう一回与《あた》えようとした」ということは言えると思うんですね。

まあ、ある意味で、やっぱり、「無神論」と「有神論《ゆうしんろん》」の戦いはあったのかもしれませんけどねえ。

（『マックス・ウェーバー「職業としての学問」「職業としての政治」を語る』

五九 - 六〇ページ）

ウェーバーとマルクスの比較は、すでにカール・レヴィットや、経済学史の泰《たい》斗《と》・大塚久雄などの研究がありますが、それらの研究は、各々の人間観からの比較（「合理化」「疎外化」）が中心でした。

両者を比較する際、レヴィットのように、二人とも無神論であると説明する方もいるのですが（※11）、実際にはウェーバーは有神論的立場に立って、さまざまな学説を打ち立てていることは否めません。ウェーバー本人も霊言を通して、ウェーバー対マルクスは、「有神論」対「無神論」という根本的立場の違いがあった点を鋭く指摘しています。

たとえば、先に取り上げた『プロテスタンティズムの倫理と資本主義の精神』は、宗教と経済発展の関係を明らかにしたものです。これによって、プロテスタント国であるアメリカやヨーロッパの経済的発展を思想的に支えています。

こうしたウェーバーの思想の正当性について、大川総裁は次のように指摘してい

※11　カール・レヴィット著『ウェーバーとマルクス』p.15

ます。

マックス・ウェーバーが言っているように、「資本主義精神のなかにプロテスタンティズムが入っていた」というのが西洋の流れであるので、繁栄というものは、単に自分的な繁栄というか、利己主義的な繁栄ではいけないのであって、やはり、神の目から見て、「神の栄光を地上に降ろす」という意味での繁栄でなければならないのです。これが、マックス・ウェーバーの言う「プロテスタンティズムの倫理と資本主義の精神」の繁栄の仕方です。

つまり、神の目を意識して、「それが正しいかどうか」という視点が入らなければいけないわけです。

（『資本主義の未来』六二 - 六三ページ）

つまりウェーバーは、「神の目を意識」した「繁栄の仕方」を提示していたのです。

さらに、『古代ユダヤ教』『ヒンドゥー教と仏教』『儒教と道教』などの大著を見れば、社会学的に宗教の重要性を主張していることも明らかです。

マルクスの『共産党宣言』や『資本論』が思想的支柱となって社会主義国、共産主義国を形成・維持してきたように、ウェーバーの思想は、神を信じる国々の発展の原動力になっていったわけです。

この有神論的立場、つまり、神のために努力を惜しまなかったウェーバーの人となりを象徴しているかのような詩があります。彼を支えた妻・マリアンネは、自ら執筆した夫の伝記の冒頭に「リルケの詩」を記しました。

これは、一つの時代がその終焉に当ってもう一度自分の価値を総括してみようとするとき

いつもあらわれて来る人間だった。

そのような時、一人の人間があって、時代のすべての重荷を取上げ

自分の胸の奥底へ投げこむのだ。

彼に先立つ人々は人の世の悲喜と甘苦しか知らなかったのに、

彼はひたすら人生の重み厚みを感じ、
すべてを一つの〈物〉として自分が抱き止めるのを感じる――
ひとり神のみが彼の意志を高く超えている。
さればこそ彼は、この超絶を憎む雄々しい心をもって
神を愛するのだ。

R・M・リルケ

（マリアンネ・ウェーバー著『マックス・ウェーバー　Ⅰ』）

妻の眼にも、ウェーバーの学問的努力は、神への愛として映ったのです。

②人類への〝一転語〟としてのマルクス

これに対して、ご存知の通りマルクスは、無神論・唯物論の立場に立って『資本論』を書き、資本主義の崩壊と共産主義社会の到来を述べています。
幸福の科学教学では、マルクスの学問的努力には敬意を表しつつ、マルクスの思

想にはは間違いがあるということを繰り返し指摘しています。たとえば、神仏や霊界は確実に実在するのですから、無神論、唯物論は明確に間違っています。また、現実社会を見れば、「労働時間＝価値」と考える「労働価値説」も誤っていることは明らかです。（※12）

さらに、「なぜマルクスの思想が現れたのか」「これは、一つの文明実験として許されたものなのか」という「神仕組み」からの視点も示しています。

たとえば、幸福の科学の初期の霊言集のなかでソクラテスは、「マルクスの理論は間違っているが、ユートピア社会の実現という目標は正しい」ということを述べています。

ソクラテス　彼らの行《おこな》ったことの大部分は、現在においては誤解《ごかい》され、曲解されているけれども、少なくとも、「社会経済的な動きが何らかのユートピアを人類にもたらさねばならない」という点において、彼らの方向性は正しく合致《がっち》しているのです。

※12　『資本主義の未来』pp.30-34

現在、知識人であり、良識家である方々が、あの唯物論のほうに引かれていくのも、唯物主義ではなくて、マルクスたちが目指していた、はるかな目標が正しいと信ずるからです。まるで宗教的なものに引かれていくように、そのようなものに引かれていくのです。

ただ、理論は正しくはありません。目標が正しいのです。

マルクスというのは、たとえば、禅宗《ぜんしゅう》でいう一転語《いってんご》に当たる人間なのです。

（『大川隆法霊言全集　第9巻』九五 - 九六ページ）

ここで、マルクスは「禅宗でいう一転語に当たる人間」なのだと述べられています。つまりマルクスは、それまで「当然」とされてきた価値観とはまったく逆の思想で、「神や宗教を前提としないユートピア思想」を語ろうとしたのです。

こういう思想が現れてくることによって、改めて宗教の大切さが浮き彫《ぼ》りになったり、近現代的なニーズに応えられるイノベーションを伴う宗教への「時代的要請」が現れてきた面があったのではないでしょうか。

また、「神秘性」と「合理性」、「宗教」と「科学」、これらを融合し「進化した宗教」が必要とされるなどの課題が浮き出された面もあったのかもしれません。これらの意味で、マルクスの出現は人類にとっての一転語であったと見ることも可能です。

「進歩史観」を尺度にする問題点

もう一つ検証しておきたいこととして、マルクスの思想に流れている「文明の進歩史観」があります。これは、「時代が進んでいくこと＝進歩」と捉えていく考え方ですが、この尺度で宗教を見れば、「過去の宗教はみな、時代遅れで迷信である」ということになってしまいます。果たしてこの見方が正しいのかどうか、検証の余地があると思います。

「時代が進んでいくことは、一直線に人類の進歩につながっている」とは、単純に言い切れない面があります。実際は、むしろ逆になっているものもあります。

宗教を例に取るとよくわかるのですが、最初に開祖が思想的な高みをつくり、その後、思想性や悟りが落ちていきます。もちろん、途中、宗教改革者や中興《ちゅうこう》の祖《そ》のような方たちが形骸化していこうとする教えを改革して、それを食い止める動きはあるわけですが、キリスト教においてイエス・キリストの悟りを超えた者はいないでしょうし、仏教においても仏陀の悟りを超えた者は出ていません。「後世の弟子たちが開祖の悟りを超えることはあり得ない」ということは、歴史が証明しています。

ですから、マルクスが考えるように、すべてが漸進的《ぜんしんてき》に進んでいくわけではないので、「進歩史観」を尺度に思想や学問をすべて解釈することには問題があるわけです。

現代では「宗教の機能」が変化している？

少し前置きが長かったのですが、宗教を否定的に扱うようになった学問的背景を概説してきました。ここから、人間が求めるべき自由と、宗教組織の関係について考えてみましょう。

ご質問にもあった「宗教組織」の意味について、考えてみます。

「中範囲の社会学理論」などで有名なR．K．マートンという社会学者は、宗教の機能には、当事者も認知している「顕在的機能」と、そうではない「潜在的機能」をも果たす面があることを述べています。

たとえば「雨乞《あまご》いの儀式」について、顕在的機能は、雨を降らすことにあるが、潜在的機能には、儀礼の実施による部族の結束があると、その違いを説明しています（※13）。「宗教には人間同士の結束を強め、社会の安定をもたらす面がある」という点については、確かに、歴史的には社会の安定化機能として、さまざま政治権力が宗教を利用してきた面も数多くあったことは、よく指摘されるところです。

しかし、現代では宗教の多様化、個人化（私事化）が進んでおり、宗教が社会的結束を強めるというよりも、宗教を個人の消費欲求に基づいて取捨選択《しゅしゃせんたく》するようになっているという分析もあります。本来、どの信仰を持つかということは人生を決める重大事なので、そう簡単に変えられるようなものではなかったはずですが、現代においては宗教が一つの〝商品〟になっているということでしょう。これを「消

※13　R．K．マートン著『復刻版　社会理論と機能分析』pp.119-122

費される宗教」と言うようです。

さらに指摘できることとして、集団の持つ相互扶助《そうごふじょ》機能も、宗教以外のもので代《だい》替《たい》可能な世の中になっています。

また、個人主義化の影響として、個人を縛ることへの強い拒絶感が出てきています。そしてこれが、「一元的な価値観に染められ洗脳されてしまうのではないか」という組織型宗教への恐怖心につながっています。こうしたなかで、「組織宗教は果たして必要なのか」という問題が生まれているわけです。

真の宗教組織の存在意義と本質的機能とは

宗教が信者を洗脳しようとする場合、「自分たちの発刊物以外読んではいけない」など情報統制をします。これは宗教に限らず、北朝鮮や中国などの独裁国家でも情報の自由がありません。そのため、その組織宗教が「洗脳」をしようとしているかどうかを見るには、情報統制をしているかどうかを見るのも一つの手です。幸福の科学の場合は「自由」の大切さを説き、良質な本を数多く読むことを勧めているので、むしろ、「洗脳を解く宗教」だと言えます。

では、組織宗教の意義とは何でしょうか。

結論から言えば、「魂の前進・進化」は人間にとって生きる目的であり、幸福の源泉です。すなわち、それを支え、実現する組織は「善」であり、必要であるはずです。

そこで、釈尊の指導の下《もと》にあった「原始仏教教団」と「幸福の科学」を念頭に、組織宗教（サンガ）の意義を二つ挙げておきたいと思います。

① 魂の進化によい感化を与えてくれる友人の存在

第一は、魂を進化させていくためには、「善知識」を友とする必要があるという点です。これは仏教の言葉ですが、善知識とは、真理に目覚めた人のことであり、歴史的には釈尊および仏弟子のことです。現代で言えば、たとえば、幸福の科学の信者のように、真実の信仰に目覚め真理を学んでいる人もそれに該当するでしょう。

「朱に交われば赤くなる」という言葉があるように、自分を向上させるには、まず、悪い友人から離れ、よい感化を与えてくれる人を友人とすること、すなわち、サンガの一員になることなのです。(※14)

サンガは、自分自身の心を照らし、心を磨く鏡となるものです。サンガとは、正しい信仰を持って心の修行を志し、実践している人たちの集まりです。心を磨いている人たちの集まりだからこそ、真実の自分の姿がそこに映し出されます。その結果、反省が進むのです。サンガでは、今日一日のできごとや悟りについて法友と話し合う「法談」によって、教えへの理解と心を深めます。また、互いに律し合う精神を持ち、何か問題が起きた場合は民主主義的に話し合って「戒律」を設《もう》けます。(※15)

このように、自己変革ができ、悟りを進めることができるのは、サンガという組織の一員だからこそです。釈尊は、「善知識と共にあることが解脱《げだつ》への道である」と述べています。

② 真実の菩薩行が可能となり、「菩薩への道」が開かれる

※14　こうした真理に目覚めた友のことを、“法友”という。
※15　『宗教選択の時代』p.265、『沈黙の仏陀』pp.91-93、『幸福の革命』p.164 参照。

第二に、サンガとは「大願船《だいがんせん》」です。大願船とは、多くの衆生《しゅじょう》を乗せて悟りの彼《ひ》岸《がん》に運ぶ乗り物のことを指します。（※16）

組織をつくることによって、数多くの人を救い、導き、悟りの彼岸に渡すことができます。また、サンガに所属することによって、自分を救ってもらうのみならず、他の人びとを救っていくという志を立て、それを日常の活動のなかで実践できます。

それは、普通に生きて一人で学ぶだけではなし得なかった「真実の菩薩行」を可能にするのです。通常、ほんとうの意味での菩薩行は、そんなに簡単にできることではありません。歴史の偉人として遺るような人であっても、それは個人のみの力ではなし得なかったでしょう。

しかし、サンガに所属することによって、人びとを救っていくという志を共有することができます。たとえば、布教誌の配布、御法話や映画へのお誘い、信者に導くことなど、日常的に行われている幸福の科学でのさまざまなユートピア運動は、まさに現代の菩薩行です。これらの活動ができることは、決してあたり前のことではなく、通常の人生ではあり得ない〝奇跡〟そのものです。サンガに集うことによ

※16　幸福の科学の経典『エル・カンターレへの祈り』、『「エル・カンターレへの祈り」講義』参照。

って、すべての人に「菩薩への道」が開かれているということです。

以上のように、人間の幸福を実現し、魂を進化させることができるのが正しい組織宗教ですから、真実の組織宗教は、「絶対の善」です。幸福の科学の教えを広く伝えようとしている私たち幸福の科学の信者は、この真実に誇りを持つべきです。伝道によって多くの人に、こうした人類の夢を与えることは、仏弟子の使命なのです。

人間の自由とは何か

「魔術からの解放」(脱魔術化)や、組織型宗教の意義について、種々検討を加えてみました。これらの問題には、共通したテーマがありました。それは、「人間の自由とは何か」です。

自由とは、「人間の本質である魂」を曇《くも》らせているものを取り除き、魂の自由を取り戻すこと、霊としての本来の自由自在さに目覚めることです。これを、仏教では「解脱」といいました。

宗教の力によって、この世の縛りを取り除くことによって、もっと大きな自分が出てきます。あるいは、もっと強い、何者にも屈することのない自己、「金剛不《こんごうふ》壊《え》」の自分が顕《あらわ》れてくるのです。すなわち、もっと仏のお役に立てる自分を実現することが、真の自由です。この自由は、宗教修行によって獲得するものなのです。

煩悩《ぼんのう》のままに生きることや自分勝手に生きること、他人とのかかわりを捨てて生きることが「自由の実現」ではありません。それはむしろ、視野を狭め、人間の本来の姿をわからなくします。

その意味で、「宗教からの解放」はむしろ、堕落への道に通じてしまうリスクが非常に高いわけです。

「魔術からの解放」によって合理化が進んでいくことで、すべての面で進歩したのではありません。進化した面もありますが、もう一方では高みからの転落があり、退化を進める面もあったと言えるのではないでしょうか。

そうならないために必要なことが、学問の奥にある仏法真理を知り、学ぶことです。

学問の奥《おく》にあるもの、これは何かというと、限りない叡智《えいち》に向かって飛翔《ひしょう》していく人間の努力があるのです。この部分を見抜けないで、手段としての学問で終わったときには、この第一段階を通り越《こ》すことができないのです。決してできないのであります。

目的としての学問、目的としての知識の本当の意味を知らねばならんのです。手段が目的へと転化したときに、そこに大いなる人生の生きがいが感じられたときに、みなさんの魂の磨《みが》きが感じられたときに、この学びの姿勢は、一つの段階を透過していくのです。

（『幸福の科学の十大原理（下巻）』七五 - 七六ページ）

「手段のための知」――たとえば、出世のための知や、自分を飾ろうとする虚栄《きょえい》心《しん》のための知だけでは、魂を進化・前進させることはできません。魂の進化をもたらすものは、限りない叡智に向かっていくための知です。すなわち、悟りを含んだ真実の知＝仏法真理です。幸福の科学教学を学び、真理の友（法友）たちとともに心の修行を積み活動することは、「自由の実現」であり、「魂進化の道」であるのです。そしてその道は、仏の願われる理想世界を実現する生き方、菩薩・如来へと進化していくための道です。自由自在の大力量人《だいりきりょうにん》の自分に目覚めるための進化の道であります。

したがって、正しい宗教に帰依《きえ》し、助け合い、協力し合っていくことこそ、魂を進化させ、「真の自由を実現する道」であることを、私たち信仰者は堂々と訴えるべきだと思うのです。

【脚注】

（注１）教育基本法　第十五条　宗教に関する寛容の態度、宗教に関する一般的な教養及び宗教の社会生活における地位は、教育上尊重されなければならない。

２　国及び地方公共団体が設置する学校は、特定の宗教のための宗教教育その他宗教的活動をしてはならない。

（注2）マモンとは、ユダヤ教、キリスト教で伝えられている悪魔。とくに富や財産に関する悪魔と言われる。

（注3）ウェーバーは、営利を追及する行為のなかに宗教的・倫理的意味を見失った「精神のない専門人」「この無のもの《ニヒツ》」は、「人間性のかつて達したことのない段階にまですでに登りつめた、と自惚れるだろう」と、行き過ぎた合理化の危険性をある面で予見している（マックス・ヴェーバー著『プロテスタンティズムの倫理と資本主義の精神』三六六ページほか参照）。

（注4）現在、マックス・ウェーバーは、トス神からの依頼を受け、天上界から指導霊の一柱《いっちゅう》として、HSUを指導されていることが明らかになっている（『マックス・ウェーバー「職業としての学問」『職業としての政治』を語る』）。

マルクスは、本来は、現実的社会改革のために天上界より送り込まれた光の天使（菩薩）であったが、現在は、その思想的誤りから、地獄の「無意識界」に隔離されている（『黄金の法』『マルクス・毛沢東のスピリチュアル・メッセージ』参照）。

第3章

宗教でほんとうに救われる?

QUESTION 3

お坊さんのなかには、「霊魂《れいこん》はない」「あの世はない」と主張する人もいます。仏教系の大学に通っている私の友人も、「仏教は無霊魂説だから、あの世や霊の存在を否定している」と言っていました。私が、「人間の本質は霊であり、永遠の生命を仏から与えられている」ということを言っても、ほとんど通じません。

霊や魂がないなら、「お墓を立てる」「供養《くよう》をする」などの宗教儀式に遺族《いぞく》の慰《なぐさ》め以外の意味はなくなります。何のために僧侶《そうりょ》がいるのかわからないし、宗教そのものの存在の意味も薄れてきます。実際、そうなっているのかもしれませんが……。

宗教は古来、人の心を救う活動をしてきたはずだと思うのですが、宗教によるほんとうの救いとは、いったい何なのでしょうか。

現代の葬儀事情から、人間の死の意味を考えてみる

現在、一年間に亡くなる方は約一三七万人いて、二〇三〇年には約一六〇万人になるそうです。年間の出生数は、二〇一六年から二〇一九年まで四年連続で一〇〇万人を割っており、生まれる方より亡くなる方の人数のほうが多くなっています（※１）。その意味で、今後の日本社会は、「多死社会」に向かうと言われています。葬送や供養のあり方も多様化してきています。

たとえば、「ネット墓」というものがあって、ネット上にバーチャルでお墓をつくって〝お墓参り〟をしたり、お墓を立てず「散骨」にして遺骨を海などに流すケースも増えています。また、ロボットが木魚《もくぎょ》を叩きながらお経《きょう》を上げて葬儀や供養をする「ロボット僧侶」というものも出現しています（まだ実際の葬儀では使われておらず、訓練中のようですが）。

ある展示会で「ロボット僧侶」について、お坊さんが「あとは、いかに心を入れ

※１　厚生労働省「令和元年（2019）人口動態統計の年間推計」他参照。

るかが課題です」と説明していたのですが、それを聞いて大きな問題を感じました。人間の魂やその中心にある心は、仏によって創られたものですから、〝人間が心を入れる〟という発想は傲慢《ごうまん》に過ぎるのではないでしょうか。また、そもそも仏教で言う「心とは何か」という本来の意味が見失われているように感じました。

心の中核には「仏性」があります。仏教学では、仏性を「如来蔵」や「自性清浄《じしょうしょうじょう》心」と言う場合もあります。「仏性」は文字通り仏の性質という意味ですが、仏性が宿っているから、人間は仏の教えを学び修行することで、仏近き存在へと進歩していくことができる、ということがそもそもの仏教の考え方です。

この仏性を顕現することが悟りであり、その悟りの力によって、亡くなった方のこの世への執着を断ち、人間の本来の住処《すみか》であるあの世の彼岸へと渡す。それが「引導《いんどう》を渡す」ということです。これが僧侶の大切な仕事のはずです。

ですから、真理の悟りを伴わない「ロボット僧侶」という発想自体、伝統仏教の形骸化《けいがいか》を露《あら》わにしていると感じるのです。

「ほんとうの救い」とは、死後の魂を本来の世界である天国へ導くことです。また、生きている人に対しては、この世に生きている間に真理を伝えて、天国に還れるような清らかな心を取り戻させることです。

つまり、「人間は死んだら消えてなくなってしまうのではない。永遠の生命を持つ魂が肉体に宿って魂修行をしている存在である」ということの確信がなければ、宗教家は務まらないのです。大川隆法総裁は、この真実を、幸福の科学設立前の「霊言集」の時代（※2）から一貫して説かれています。

現代の仏教はこの真実を伝えられないわけですから、残念ながら、もはや人びとを救う力を失っているのだと思います。

「ロボット僧侶」「ネット墓」などを見ていると、本職の僧侶の方々も、死んだあとのことがわからず、「引導を渡す」ことの意味も知らない。つまり、葬儀や供養の意味がわからなくなっているんだな、ということをつくづく感じました。

※2　1986年10月6日に立宗するまでの数年間、大川総裁は商社で働きながら、過去の偉人たちの霊言を収録・発刊されていた。

古代エジプトでも認識されていた、葬儀の意味

人間の本質は、肉体に宿っている魂です。そして、この魂が肉体から離れることが、人間の「死」の定義です。

大川総裁は『復活の法』で葬儀の意味を次のように説明されています。

死というものを、普通《ふつう》の人は、なかなか受け入れることができません。九十九パーセントの人は、自分の死を、そう簡単《かんたん》には受け入れられないのです。やはり、仕事や子孫など、この世のいろいろなものについて執着《しゅうちゃく》しているので、すぐには死を受け入れられないわけです。

そこで、本人に死を受け入れさせるために儀式《ぎしき》をします。通夜《つや》や葬式《そうしき》、納骨《のうこつ》などの儀式をして、本人を悟らしめ、納得《なっとく》させていきます。それだけの時間を取って、「あなたは死んだのだ」ということを知らせようとしているのです。

（『復活の法』七五 - 七六ページ）

死んだあと、自分の葬儀を見て自分の死を悟り、あの世への旅立ちの自覚を持つこととなる。だから、葬儀を行うことには意味があるのです。

これらのことを、生きている間に十分理解していればよいのですが、多くの人は、自分が死んだことを理解するのに、多少の時間が要ります。このことは、古代エジプトでも認識されていたようです。

書記官だったアニという男性があの世に還ったあと、霊媒《れいばい》を通して死後の様子を語った内容が、『死者の書』に記されています。アニが語るには、人間としての記憶で鮮明に残っているものの一つが、自分の葬儀の場面だと言っていました。

たとえば、自分の棺《ひつぎ》に刻まれている呪文や、泣き女たちがいっせいに声を上げて泣いている場面、僧侶が読経《どきょう》している様子や、その読経によって自分が黄泉《よみ》の国に送られてきたという自覚などです。

葬儀が、自分の死を認識してスムーズに霊界入りするために重要な役割を果たし

ていることがよくわかりますし、アニ自身も、「これが葬儀の意味だったのだ」と述べています。(※3)

エジプト時代の〝お経〟とは、死者の魂を死後の世界に導くための呪文《じゅもん》のようなもので、ピラミッドの内部などにも刻まれています。これをピラミッド・テキストと言います。

アニが、お経によって黄泉の国に〝送られてきた〟と言っていますが、仏教の葬儀にもまったく同じ意義があります。すなわち、僧侶は、真理が説かれたお経を上げて、その悟りの力で、安らかな死後の旅立ちを促すのです。こうした魂の救済をするために、仏教者たちも、仏道修行を通して自らの悟りを高めていたわけです。

「無霊魂説」が主流の現代仏教の限界

人間が霊的存在であることや、あの世があることを前提としなければ、宗教によって人を救うことはできないでしょう。二〇一一年三月一一日に起きた東日本大震

※3　ウォリス・バッジ編纂『世界最古の原典 エジプト死者の書』参照。

災では、それを深く考えさせられました。数多くの被害をもたらし、私たち日本人の心に大きな爪痕《つめあと》を残しましたが、改めて「生と死」の意味を深く問うものでもありました。

数多くの方が亡くなってしまいましたが、全国、世界各国から物資の支援や、精神的な励ましもあり、改めて人間同士のつながりと助け合いの大切さも見直されました。年末になるとその年を象徴する「今年の漢字」をご住職が筆で書き、それが公表されますが、この年の漢字は、〝絆《きずな》〟でした。

この心の絆とともに、被災された方々は〝心の孤独〟についても向き合っておられたと思います。そのときに、ひときわ光を放ったのは、その心の孤独を癒《いや》そうと立ち上がった宗教家たちの活動です。幸福の科学でも、いち早く全国信者による救援物資の援助が行われ、地元支部の出家者・信者のみなさまが供養や精神面のケアなどの救済活動にあたりましたし、宗教家たちが宗派を超えて「宗教連合」をつくり、心の救済を中心に親身になって被災された方々を支える活動を活発に行いました。ただし、支援活動に際しての布教活動は禁止されていたため、ほとんどは宗教活動としてではなく、ボランティアとしての活動にとどまったようです。

ネット上で大きな話題となったのは、震災直後、雪の降るなか、ある禅宗の僧侶が草鞋《わらじ》で歩いて回り読経している姿や、深々と合掌《がっしょう》・礼拝している姿です。これを見て、「ほんとうの仏教の姿を見た」という感動の声が数多く上がっていました。

また、身内を失ったご遺族の苦しみや悲しみ、避難所での生活の疲労やストレスからくる心の負担を取り除くために、そうした方々の心に寄り添いながら、真摯《しんし》に「傾聴《けいちょう》」し、精神的な相談にお答えする熱心な活動にも注目が集まりました。

その相談で多かったのが、「震災で亡くなられた方の幽霊を見た」というものだったそうです。しかし、その相談にどのように答えればよいのか、被災地でボランティアをされていた僧侶の方々は苦慮《くりょ》されていました。なぜかというと、彼らの多くは、〝仏教とは「無霊魂説」であって、霊の存在やあの世の存在を否定するものである〟と学んできたからです。

宗祖たちは、あの世の存在を肯定している

① 親鸞《しんらん》は「極楽浄土《ごくらくじょうど》」があることを前提としている

とくに私が驚いたのは、ある浄土真宗系の僧侶の方が、前述のような発言をしていたことでした。

真宗の基にある教えは浄土教ですが、もともとは、難しい教えが理解・実践できない凡夫《ぼんぷ》であっても、「易行道《いぎょうどう》」（念仏など）によって「極楽浄土《ごくらくじょうど》」に成仏《じょうぶつ》することができるというものです。つまり、「極楽浄土」があることが前提なのです。

浄土真宗の宗祖である親鸞聖人《しんらんしょうにん》の教えも、明確にあの世の存在を肯定して説かれています。たとえば、有名な「悪人正機説《あくにんしょうきせつ》」は、「阿弥陀《あみだ》様は、まず、極悪深重《ごくあくじんじゅう》の悪人のほうから救う」というものです。ここでいう「救う」とは、「死んだのちに地獄に堕《お》ちるのではなく、極楽往生《おうじょう》できる」という意味です。（注）

ほかにも、親鸞聖人の中心的教えに「二種廻向《にしゅえこう》」というものもあります。二種廻

向とは、「往相《おうそう》廻向」と「還相《げんそう》廻向」を指します。「往相廻向」とは、阿弥陀仏の本《ほん》願力《がんりき》によって、この世の人をあの世に送ってもらうことです。「還相廻向」とは、阿弥陀仏の本願力によって、浄土に往生《おうじょう》した人がこの世を救うために戻ってくることを言います。廻向とは通常、修行者の徳の光を成仏していない人に手向《たむ》けることですが、親鸞聖人は、阿弥陀仏の本願力の働きを「廻向」と言っています。（※4）

詳しい話はさておき、ここで重要なのは、「人間は、この世とあの世を転生輪廻《てんしょうりんね》している」という「霊界思想」が、親鸞聖人の口から明確に語られているということです。つまり、先ほどの浄土真宗の僧侶の理解のなかには、宗祖の考え方とはズレている面がある、ということなのです。（※5）

② あの世がなければ「坐禅」は成り立たない

禅宗においても同様の問題があります。禅宗も現代では「無霊魂説」を主張しますから、結局は何のために坐禅修行をするのかわからないまま、坐禅のスタイル、かたちだけになっているように思います。

※4　『他力信仰について考える』参照。
※5　浄土真宗のすべての僧侶があの世を否定しているわけではない。

そもそも坐禅は、精神統一のための修行です。釈尊の時代には、「反省」や「瞑想」によって自分の心と行いの間違いを正して心を浄化し、天上界と同通できるような澄《す》んだ心を取り戻し、あの世の守護・指導霊から導きを得て、人生航路を正していくために行っていました。

したがって、霊的存在や霊界の存在を否定すれば、坐禅の目的そのものが失われ、その修行は成り立たなくなります。

そもそも、曹洞宗《そうとうしゅう》の宗祖である道元禅師《どうげんぜんじ》が「無霊魂説」を唱えているかと言えば、そのような教えは説いていないことが、正しく学べばわかります。

その意味を、大川総裁は『沈黙の仏陀』で指摘されています。

禅を修行している人は、無我というものを求めているわけですが、「ただ坐れ」という「只管打坐《しかんたざ》」を唱《とな》えた道元《どうげん》であっても、やはり過去世《かこぜ》・現世《げんせ》・来世《らいせ》という三世《さんぜ》をしっかりと認めていた、ということを忘れてはなりません。それを「三時《さんじ》業《ごう》」といいます。三つの時の業ということで、「過去・現在・未来という三つの世界、その時間を人間は生き渡っていく存在である。その間の因果《いんが》の理法《りほう》というのは味《くら》ますことができない。これが仏法の中心的考えである」ということを、道元は明確に語っていました。それを知ったうえでの禅定なのです。それを知ったうえでの只管打坐なのです（十二巻本『正法眼蔵《しょうぼうげんぞう》』〔三時業〕に「仏祖の道《どう》を修習するには、その最初より、この三時の業報の理をならひあきらむるなり」とある）。

（傍線は筆者。『沈黙の仏陀』三八 - 三九ページ）

「三時業」とは、人間には、過去世・現世・来世があるという思想です。道元禅師はその具体事例として、仏典から生まれ変わりの話を出してきて説明しています。また、過去の禅宗の祖師たちを「天人師《てんにんし》」――つまり、天上界と人間界の師になっていることを認めているのですから、霊界の存在を前提にしているのです。

おそらく道元禅師は、坐禅をあまねく弘めるための方法論として、まず「坐る」ことを修行の入り口としたのだと思います。理屈を学ぶ前にまず、心を安らかにする仏法の尊さを体感してもらい、そこから、悟りの道に導こうとしたのでしょう（坐禅は「安楽《あんらく》の法門」とも言われます）。そのベースには、「修証一如《しゅしょういちにょ》」という考え方があると思います。

修証一如とは、「悟りとは修行のはてに得られる何かではなく、修行の展開《てんかい》そのもののなかに悟りがあり、修行そのものが悟りなのだという修証一如《しゅしょういちにょ》の考え方が大切なのである。安易《あんい》に極楽往生《ごくらくおうじょう》を願《ねが》ってはならない。その身つたなくとも、発心修《ほっしんしゅ》行《ぎょう》して道を得、仏教の本道を歩むべし」という道元禅師の悟りです。（※6）

なぜ、道元は「安易に極楽往生を願ってはならない」などと主張したのでしょうか。それは、「念仏を唱えれば救われる」という安易な他力信仰を批判し、「仏道修行の本則は修行による悟りの獲得である」と強調したのだと思われます。

また、自力修行による「仏道の本道」を強く主張した面には、当時の時代背景もあるでしょう。たとえば比叡山《ひえいざん》などでは、そこで偉くなるだとか、評価されるだとか、悟りを得たというような印可《いんか》をもらいたいだとか、悟りという言葉が非常に世俗化していたのです。

※６　『黄金の法』pp.243-244

そういうものを求めて修行する心は、執着であり、邪《よこしま》な思いであり、ほんとうの仏道修行ではない。そうではなく純粋な心で修行することが大切である。それを言いたかったため、「只管打坐」(ただひたすら坐禅する)という修行方法に結実していった面があったのかもしれません。(※7)

しかし後年《こうねん》、道元の教えは形骸化して、ほんとうにただ坐るだけの肉体行になっていった面があり、そもそもの救済の精神が失われていきました(※8)。その意味で、浄土真宗と同様に禅宗も、宗祖の教えや本来の仏教的精神を見失っているのです。

そこで、僧侶の使命とは何であるのか、改めて大川総裁のお言葉からお伝えしたいと思います。

(編集注。東日本大震災後、)お坊さんたちは、生き残った人から、「亡くなった○○さんは、どうなっているのでしょうか。夢によく見るのです」「海辺で、いろいろな霊が見えます」などと相談されたりもするらしいのですが、そう言われると、とたんに思考が止まってしまい、その相談にはうまく答えられなく

※7　ただし、スタイル中心になっており、悟りとして十分とは言えないことは、『禅について考える』などで指摘されている。pp.91-96 参照。
※8　霊界体験を積んでいなかった道元自身の悟りの限界も、その一因になっている。『禅について考える』p.91 など参照。

て、医者の系統である精神科医の亜流《ありゅう》のような話に持っていくケースが多いようです。

もっと直接的な言葉を使って言うならば、私は、こういう僧侶《そうりょ》たちに対して、「本当に魂《たましい》の存在を信じているのか」と問いたいのです。

東日本大震災では、まだ全部の遺体が発見されたわけではありません。震災で亡くなった人の場合、肉体は、海の藻屑《もくず》となって沈《しず》んでいたり、瓦礫《がれき》の下に埋もれていたり、原形をとどめない姿になったりしているかもしれません。なかには、死んだときの状態のままで苦しんでいる人もいるはずです。

したがって、僧侶であれば、「魂の救済」の話ができなければいけません。それが僧侶の本来の使命です。

（『不成仏の原理』一七 - 一八ページ）

現代は「末法《まっぽう》の世《よ》」か？

このように、真実の教えが見失われている時代のことを仏教では、「末法《まっぽう》の世《よ》」と言っています。仏教の歴史観には、「正法《しょうほう》・像《ぞう》法《ほう》・末法」という三つの時代区分からなる「三時思想」というものがあります。「正法の時代」は、釈尊の教えが正しく伝わり、人々の心が正しく営まれているときである。その後、かたちだけが残り、中身はだんだん骨抜きになっていく「像法の時代」がきて、さらに、法が衰えて、人びとがいかに修行しようとしても悟ることが不可能となる「末法の時代」に

《正法・像法・末法》

図解

「三時思想」とは、時代が下るにつれて、人々の教法を受け入れる能力が衰えると考える史観を言う。

末法の時代	像法の時代	正法の時代	
教	教 行	教 行 証	釈尊入滅後
次の10000年間	次の1000年間	500～1000年間	
教だけが残り、人がいかに悟りを得ようと修行しても不可能な時代。	教・行があっても、悟りが完成できない時代。	教・行・証（悟り）の三つが正しく具わっている時代。	

（『漏神通力』『岩波　仏教辞典』参照。）

なる、と考えられています。

この考え方は、前章でも指摘した「単純な進歩史観ではなく、最初に高みがあり、それが転落していく」という歴史観です。現代の実情を見る限り、今は末法の時代にあてはまるように見えます。（図解参照）経典《きょうてん》『目覚めたる者となるためには』には、こう説かれています。

こういう世の中は、何かが間違《まちが》い、何かが狂《くる》っている。
正しさが影《かげ》を潜《ひそ》め、悪が大通りを歩いている。
それをもって、「末法《まっぽう》の世」という。
今、時代は、末法の世に入っている。
社会は進化し、豊かになり、科学技術はとても進歩した。
しかし、それと同時に、
純粋《じゅんすい》なる信仰《しんこう》が失われているということは、否《いな》めない。
（『目覚めたる者となるためには』四六 - 四七ページ）

しかし、絶望とも思える末法の時代は、再び新しい教えが説かれる時代でもあることが、『仏陀再誕』で明かされております。

我はかつて、あなたがたに約束したはずだ。
末法《まっぽう》の世《よ》に、ふたたび甦《よみがえ》るということを。
末法の世に、再誕《さいたん》し、
あなたがたと共に、仏国土《ぶっこくど》建設《けんせつ》のために、
その身を投げ出すということを。
末法の世にこそ、
新たなる法を説かんがために、地上に降《お》りるということを。
我は、かつてあなたがたに約束したはずである。
我は、その約束を違《たが》えたことはない。
今、また、末法の時代が来、

時代が我を要請《ようせい》し、
時代が、あなたがたを要請している。

（『仏陀再誕』五一〜五二ページ）

古代インドの伝統宗教・バラモン教の教え「ヴェーダ」が形骸化して救済力を失っていったときに、釈尊が登場して、仏教という新しい教えを説かれたように、あるいは、イスラエルの伝統宗教・ユダヤ教のモーセの教えが形式主義に陥《おち》り真実の神の心が見失われていたときに、イエス・キリストによって新たな福音《ふくいん》が説かれたように、末法の時代は、希望の時代でもあるのです。

現代もまた、本仏がこの日本に下生《げしょう》され、偉大な法輪を転じてくださっている奇跡の時代であり、人びとを真に救済できる、新しい世界宗教が出現する時代なのです。

救済力の高い、幸福の科学の葬儀と供養

目に見えない世界の力がわからなくなり、目に見えるかたちしか理解できなくなったとき、その教えは形骸化していきます。これを打ち破るのは、信仰心です。人間を超えた偉大な力、霊界・神秘の力を信じる心です。

現在の宗教で、一番豊富にこの内容を持っているのが、幸福の科学の仏法真理、幸福の科学教学です。これは間違いありません。千百回以上の公開霊言、五七五冊を超える霊言集の刊行（※9）はもちろんのこと、全国各地の幸福の科学の支部精舎《しょうじゃ》や正心館などで行われている「幸福の科学葬儀」も、その実証例だと思います。

幸福の科学の葬儀では、『仏説《ぶっせつ》・正心法語《しょうしんほうご》』というお経を出家者が読経しますが、このお経は、九次元宇宙界におられる釈尊から直接降ろされた経文《きょうもん》だと言われています。仏教のお経はどれも、後世の弟子によって編纂《へんさん》されたものです。それを考えれば、釈尊直説《じきせつ》の経文を聴けるということは、実は驚天動地《きょうてんどうち》のことなのです。

※9　2020年9月現在。

『正心法語』の威力について大川総裁は、現代人にも広く知られている『般若心《はんにゃしん》経《ぎょう》』を例に、非常にわかりやすく説明されています。

私は、以前、「『正心法語』には『般若心経《はんにゃしんぎょう》』の一万倍ぐらいの効果がある」と述べたことがあります。『般若心経』を奉《ほう》じているところには、たいへん失礼な言い方でしたが、実際に、そのとおりなのです。

ただ、『般若心経』も、それを読んでいる人の悟《さと》りが伝わった場合には効果があり、法力《ほうりき》が効いてきます。修行《しゅぎょう》によって、ある程度の悟りを得ている人が、「摩訶般若《まかはんにゃ》」などと言って『般若心経』を読むと、何となく、その悟りが伝わって、悪霊が嫌《いや》がるようなこともあるのです。

もっとも、『般若心経』は漢文のお経なので、それを聴《き》いても、悪霊にはその意味が分かりません。

ところが、当会の経文《きょうもん》の場合は、全部、現代語で書いてあるため、それを聴いていると、悪霊にも、ある程度、その意味が分かります。また、読んでいる人のほうも、意味を分かっていて読んでいるので、効き目は非常に大きいのです。

（『はじめての信仰生活』二〇一 - 二〇二ページ）

『正心法語』は、難しい漢文ではなく現代語で説かれているので、現代人であっても仏教の真髄《しんずい》を理解することが可能です。通常、亡くなった方は自分の葬儀を克明《こくめい》に見ており、お経を聞いているという話をしましたが、幸福の科学葬儀の場合、出家者が読経しているその内容が理解でき、その悟りと言魂《ことだま》によってスムーズにあの世に導かれるのです。本当の成仏とは、「仏になる」ということではなく、本来いた世界、天国に還ることを指します。

また、幸福の科学には、那須と四国に「来世幸福園」という大きな霊園がありま す。私が那須の霊園で聖務をしていた頃、葬儀や供養、お墓参りをされる方のお話をうかがうこともあったのですが、供養を受けているその方の姿を霊視したということがよくありました。

たとえば、ご病気で亡くなった方が元気な姿で出てこられ、供養してくれるご親族に感謝をしている姿が見えることもあれば、亡くなったお母さんやお父さんなどの喜んでいる気持ちが供養する信者の心に直接伝わってきて、「こんな経験、はじめてしました！」と涙される方もいらっしゃいました。

とくに、私が以前、幸福の科学の雑誌「アー・ユー・ハッピー？」でご紹介させていただいた幸福の科学の信者の供養体験は、非常に印象に残っています。それは、亡くなったご主人のお墓参りの際の体験です。

来世幸福園には、「来世幸福壇」という非常に美しいお墓が各お堂（※10）にあり、そこで、『正心法語』などを読経して供養します。その方がお参りを終えて本堂へ戻る道すがら、人の気配を感じて振り向くと、何と亡くなったご主人が笑顔でついてこられたというのです。

驚きと喜びでまじまじとご主人を見ると、非常に若々しく、肌の色がものすごくきれいだった。そこで思わず話しかけようとしたら、スーッと消えてしまった、ということでした。

この体験を通して、「主人は今でも私を見守ってくれている。私は一人ではない

※10　総本山・那須精舎「来世幸福園」には「在家菩薩堂」「三帰誓願堂」「涅槃堂」、聖地・四国正心館「来世幸福園」には「転生幸福堂」がある。

んだ」ということを実感し、生きる勇気が湧いてきてとても温かい気持ちに満たされたそうです。（※11）

こうした話は、幸福の科学の霊園では日常茶飯事《さはんじ》で、「人間は死んだら何もなくなる」と考えている人がいることが「信じられない」という感覚になります。こうした霊園での体験こそ、真実だと思うのです。

「生と死」の真実は、万国共通の真理

大川総裁は、幸福の科学の救いの力を、次のようにはっきりと示されています。

はっきり言えば、今、死んだ人を間違いなく天国に送れる宗教は、幸福の科学しかありません。

ほかの宗教は、「悟り」というものの中身が分かっていません。それが分かっていなければ、死んだ人を天国に送ることはできないのです。

※11　「アー・ユー・ハッピー？」2012年9月号掲載。

悟りとは、言葉を換《か》えれば、「どうしたら、地獄《じごく》へ堕《お》ちず、迷わずに天国に還《かえ》れるか。その内容を知っていて、教えることができる」ということです。これが、「悟りを得ている」ということなのです。

本人が悟りを得ていたならば、迷うことなく天国へ入れますし、悟った人が自らの悟りをきちんと教えれば、迷っている人たちも、いわゆる成仏《じょうぶつ》をして、天国に入ることができるのです。

（『愛、自信、そして勇気』一四九 - 一五〇ページ）

生前、宗教修行をしてきた方であれば、葬儀によって死の自覚をするというレベルはとうに超えているということもあるでしょうが、幸福の科学葬儀には、さらなる意義があります。

支部精舎などで行われる「幸福の科学葬儀」には、生前の知人・友人が数多く参列され、当然、なかには幸福の科学の信仰を持たない方も数多くおられます。

導師は参列者に、人間の本質が霊であること、人間は仏から永遠の生命をいただいた存在であること、あの世があり、その人の生前の思いと行いによって死後その人の赴《おもむ》く世界が天国地獄に分かれること、天国には正しい信仰心しか持って還れないことなど、霊的人生観・世界観に基づいた真理を説法します。

普段は霊やあの世の話をあやしみながら聞く人も、このときばかりは真剣な姿勢で聴き入ります。幸福の科学の葬儀の参加をきっかけに、幸福の科学に入信される方も数多くおられます。

実は、これが、信仰者にとっての、この世での最後の大仕事なのだと思うのです。幸福の科学の正しい信仰、仏法真理を生前お世話になった方々に伝道するという、仏弟子のミッションを果たすことができるからです。すなわち、「幸福の科学葬儀」によって故人は、自らの帰天の最後の最後まで伝道できる、最大の功徳を積むことができる、と言えるのではないでしょうか。

幸福の科学が考えている救いは、宗教の原点にあたるものですが、真実が失われている現代にもっとも必要な、新しい救いの教えとも言えるでしょう。

やはり、現代には、現代の救いが必要とされているのです。

仏教の現状を見るならば、そのほとんどが「葬式仏教《そうしき》」「観光仏教」に堕《だ》してしまっていいます。葬式仏教にあっては、魂の救済の意味が分からない状況《じょうきょう》にありますし、観光仏教にあっては、単なる非課税問題にしかすぎないようにも見えます。

私たちは、そのようなものを通り越《こ》して、今、宗教の本来のあり方を追求しているところなのです。「何とかして、日本発の大きな教え、世界的な教えを説きたい」と思っているのです。

（『逆境の中の希望』一二一ページ）

ここまで述べてきた「生と死」の真実は、民族の違い、宗教の違い、国の違い、肌の色の違いを超えた、万国共通の真理です。ですから、幸福の科学の仏法真理が明らかにしている救いは、どのような宗教も本来目指していたものであり、世界中の人びとに受け入れられるものだと確信しています。

【脚注】

（注）ただし、浄土宗、浄土真宗系に見られる、阿弥陀信仰による仏の慈悲の強調が、仏教思想の中軸にある努力精進を捨象し、無戒律、無反省による傲慢な人間が輩出される危険性がある点は指摘しておきたい。（『信仰告白の時代』『「黄金の法」講義』ほか参照）

第4章

宗教がなくても道徳で十分？

QUESTION 4

学校では、〝いじめ〟は以前から問題視されていますし、ちょっとしたことでキレるなど、道徳観や倫理観のない人も増えているように思います。

人の心を大切にし、育んでいくために、小中学校では「道徳」の時間があると思うのですが、こうした状況を見るとほとんど効いていないように感じます。実際、私の聞く範囲では道徳の時間は不人気で、内容も面白《おもしろ》くありません。

また、「道徳の基《もとい》には宗教がある」と言われていますが、教育の現場では、この二つは完全に切り離されています。私は、このあたりに問題があるのではないかと思うのですが、そもそも、宗教と道徳は、切り離しても成り立つものなのでしょうか。

「答え」が無いのが道徳？

二〇一五年度の文部科学省の学習指導要領の改訂により、今まで科目扱いされていなかった「道徳」を、「特別の教科」として教科化し、成績評価に加えることになりました（※１）。

道徳を科目にして評価することに対して、ある中学生の「答えが無いのが道徳」という新聞投書は、すごく印象的でした。内容としては、「道徳とは、個人によって感じ方が違う多様性があるものなのだから、答えを用意して評価することによって、個人の考えが尊重されなくなる。それは、道徳ではないと思う」という主旨だったと記憶しています。

また、実際に中学校の道徳で、「正しい答えなんかない」と先生に教えられたという学生の声も耳にしたことがあります。

考え方の多様性を認め、個性を尊重するのはとても大切なことですが、人間とし

※１　小学校が 2018 年４月、中学校が 2019 年４月から実施。

て求められる基本的な「善悪」の判断を基礎にせず、答えのない多様性や個性の尊重のみをよしとするならば、それは要するに、「人間に正しい生き方はない」と教えているに等しいし、その結論は、「神仏はいない」と生徒たちに教えていることになりかねません。

「不可知論《ふかち》」「無神論」を教えたところで、人間としての正しい生き方がますますわからなくなるだけでしょう。いじめ問題に見られるような昨今《さっこん》の倫理観や道徳観の欠如《けつじょ》は、こうした教育事情にも根があるのではないでしょうか。

ある辞典では、「道徳」についてこのように定義しています。

1　人々が、善悪をわきまえて正しい行為をなすために、守り従わねばならない規範の総体。外面的・物理的強制を伴う法律と異なり、自発的に正しい行為へと促す内面的原理として働く。

2　小・中学校の教科の一。生命を大切にする心や善悪の判断などを学ぶもの。昭和33年（1958）に教科外活動の一つとして教育課程に設けられ、平成27年

（２０１５）学習指導要領の改正に伴い「特別の教科」となった。

（デジタル大辞泉）

3《道と徳を説くところから》老子の学。

一方、幸福の科学では、「道徳」について次のように考えています。

・道徳とは、宗教の本質部分をこの世的に置き換えた、あるいはわかりやすくしたもの。
・その道に則《のっと》って生きていけば、人間としての徳が生じる。
・法律と宗教の間に、「基本的な人間の生き方の指針」になるようなものとしての道徳が、必要とされている。
・道徳そのものは、必ずしも強制力を伴うものではなく、あくまでも、人を良い方向に感化していこうとしているもの。

（『新時代の道徳を考える』一三 - 一九ページ参照）

このように、幸福の科学教学では、道徳を、宗教の本質的部分のこの世的翻訳と捉《とら》え、宗教と道徳を切り離せないものと考えています。

実際に戦前までの日本の道徳教育には優れたものがあったのですが、その中身をよくよく検討してみると、さまざまな宗教の教えが背景に染み込んでいることがわかります。逆に、宗教のバックボーンがなければ、善悪の判断基準を失い、単に「人に迷惑さえかけなければいい」というレベルの道徳になってしまいます。それだと「援助交際がなぜいけないのか」「犬や猫を虐待《ぎゃくたい》して何が悪いのか」など、子供たちの疑問に対して十分な説明ができません。宗教的背景があり、善悪の判断根拠があってこそ、道徳教育は生きてくるわけです。

先に紹介した辞典による「道徳」の定義でも、善悪があることを下敷きにして、人間としての正しい生き方を求めています。しかし、冒頭でも触れた通り、現在の教育や学問では、善悪についてあまり明確にしない態度が中心になっています。その理由は、正規の教育のなかで宗教教育を学ぶ機会がほとんどないので、善悪の基準が立てられず、善悪をどのようにわきまえていいのか、先生方も教えられないからです。

これは最近の日本の教育事情ですが、戦前の日本では、人間としての善悪の規範をしっかり教えるレベルの高い道徳教育が行われていたと言います。それが「修身教育」です。

日本の「修身教育」のレベルの高さがうかがい知れる話があります。

明治時代、ある国際会議に日本の修身の教科書が提出されたのですが、その内容について各国から絶賛され、いろいろな国がそれを手本にして道徳教育をつくったそうです。

この教科書の基になった教育勅語《ちょくご》は、「日本人の昔からの道徳規範を整理してまとめたもの」（※2）と言われています。つまり、昔から、日本人のモラル、道徳観念は高かったと言えます。

たとえば、一九世紀に活躍した旅行家のイザベラ・バードは、明治維新直後の日本を訪れ、関東から奥州《おうしゅう》を巡った際、日本人の正直さ、誠実さ、屈託のない明るさ、

※2　渡部昇一監修『国民の修身　高学年用』p.16

純朴な人間性に感動した旨を記しています。たとえば、ヨーロッパの国々を旅する際は無礼な仕打ちにあったり、お金をゆすり取られたりすることもあるけれど、日本では一度もそういうことが起きなかったこと、そればかりか、荷物が一つ紛失していた際、馬子《まご》（馬で人や荷物を運ぶ人）はそれを探しに一里も戻り、その分のチップも受け取らなかったことを、驚きをもって述べています。

このように、江戸・明治期の日本人にはかなりしっかりとした道徳観が、身分を問わず浸透していたと考えられます。戦後、とくに、宗教が否定される流れのなかで、この人間として大切な遺伝子が失われているかに見えますが、それでも今も、日本あるいは日本人の心の底流に流れているものはあります。

日本人のモラルについて考える

① 礼儀正しさ

近年のできごとで見れば、東日本大震災時に日本人のモラルの高さが世界の注目を集めました。当時日本にいた外国人は、そのときに見た日本人の態度にとても感動したそうです。

たとえば、物が散乱しているスーパーで、日本人は落ちているものを律儀に拾い、黙って列に並び、お金を払って買い物をしていました。

あるいは、地震があったちょうどそのとき、レストランで働いていた外国人は、次のようなことに感激したそうです。その人は、揺れがおさまってお客様を外に誘導する際に、「お客様のほとんどが代金を払わずに直《ただ》ちに去るだろう」と思いました。しかし、ほとんどのお客様は代金を払いに店内に戻ってきました。また、その日に代金を払えなかった方は、翌日代金を払いにきたそうです。

また、ようやく運転再開された電車内で混雑しているなか、妊婦に席を譲るお年寄りの姿や、大渋滞で一〇時間も動けなったのにクラクションを鳴らす人がまったくいないこと、それどころか道を譲り合っている様子などを見て、日本人の美しい心情に感動したそうです。

彼らは、もしも母国が同じような状況に陥《おちい》ったとしたら、日本のようにはならないことが想像できたのでしょう。こうした日本人の礼儀正しさは、誇るべきものの一つと言えます。

② 勤勉さ

また、「勤勉さ」も日本人の特質を示すものです。

日本の戦後における驚異的復興、高度経済成長を実現した要因として、勤勉さを挙げてよいと思います。ただ、その強烈な成長は、欧米の先進諸国との貿易摩擦《まさつ》として、強い非難の的《まと》になった時期もあります。

たとえば、一九九〇年頃、ソニー会長や経団連会長として活躍されていた盛田昭夫氏は、この貿易摩擦を背景に「日本的経営が危ない」というレポートを発表し、当時の経済界に衝撃を与えました。

当時、日本の経済繁栄のあり方について各国から批判が出ており（日本異質論）、日本は孤立感を深めていました。フランスのクレッソン元首相は、「日本は世界征服をたくらむ侵略者」とののしったといいます。

これに対し盛田氏は、「日本企業は、部品も現地で調達し、その国の経済に貢献している。一生懸命働いて、よいものを大量生産し、安い値段で供給することのどこが悪いのか」と主張しましたが、ヨーロッパ企業が主張するには、「あなたたちと我々とは、競争のルールが違うのだ」ということでした。要するに、日本は、強烈な自国中心主義として映っていたわけです。

これに衝撃を受けた盛田氏は、欧米との整合性ある競争ルールとして以下の提案をしました。

一、生活に豊かさとゆとりが得られるよう、十分な休暇をとり労働時間を短縮する。
二、真の豊かさが実感できる給与レベルを検討する。
三、欧米並みの配当性向の確保を検討する。
四、取引先の不満を解消する。
五、積極的な社会貢献を行い、コミュニティーの抱える問題を企業も分かち合う。
六、環境保護、省資源対策に配慮する（環境、資源、エネルギーは人類の共通財産であることの認識)。

(筆者による要約。盛田昭夫著『21世紀へ』二七九‐二八〇ページ)

とくに一番目に、ゆとり、休暇、労働時間の短縮を挙げ、それまでの労働観と百八十度違う提言をした点が、インパクトを与えていたと思います。盛田氏がヨーロッパの視察から帰国した直後に、日曜日の朝だったと思いますが、「竹村健一の世相を斬る」というテレビ番組に出演してこの話をされていました。私は、ちょうどそのときこの番組を見ていて、少し興奮ぎみにお話しされていたことが印象に残っています。その後、「文藝春秋」に、盛田論文と言われるそのレポートが掲載されました。当時は「面白い意見だな」と思っていたのですが、その後、ご存知の通り、日本経済が減速・停滞していく流れができました。

その本質的原因を、大川隆法総裁は、次のように指摘されています。

一九九〇年頃、ソニーの盛田昭夫《もりたあきお》さんが、ヨーロッパを回って帰ってきて、「日本人は働きすぎだ。もっと遊ばなければ駄目だ」というようなことを主張していました。年を取ったのかと思うのですが、「これからはリゾート&リサーチの時代で、もう少しゆとりを持って遊ぶ時代だ」ということを言っていたのです。ところが、そのあと、バブル崩壊が起きて大不況になり、それこそ自助努力しなければいけない時代になりました。日本の株価がガーッと上がり、お金儲《もう》けができて安心していたところ、バブル崩壊が来て、日本は各国に負けていったのです。（中略）

結局は、「もう一つ高い目標を設定できなかった」というところかと思います。

（傍線筆者。『現代の自助論を求めて』三二－三三ページ）

確かに、一九八九年頃の日本人の年間の労働時間の平均は、二一五九時間あったようですが、二〇一〇年頃になると、一七三三時間になっています。二〇年以上にわたる経済の停滞と、労働時間に表されている労働観の変化には、関連性があるように見えます。（図解参照）

もちろん、無駄を排して働き方の質を高め、生産性を上げるのはよいことだと思いますが、「勤勉さ」という徳をも失えば、かつての英国の例を出すまでもなく、その国は下り坂に入っていくはずです。

国民の道徳意識の高さは、その国の発展を支える大きな要素の一つと言えるのです。そして、国民の意識を高めるには、国家としての、より大きな高い目標設定が大事なのです。

図解

《各国の年間平均労働時間の短縮と比較》

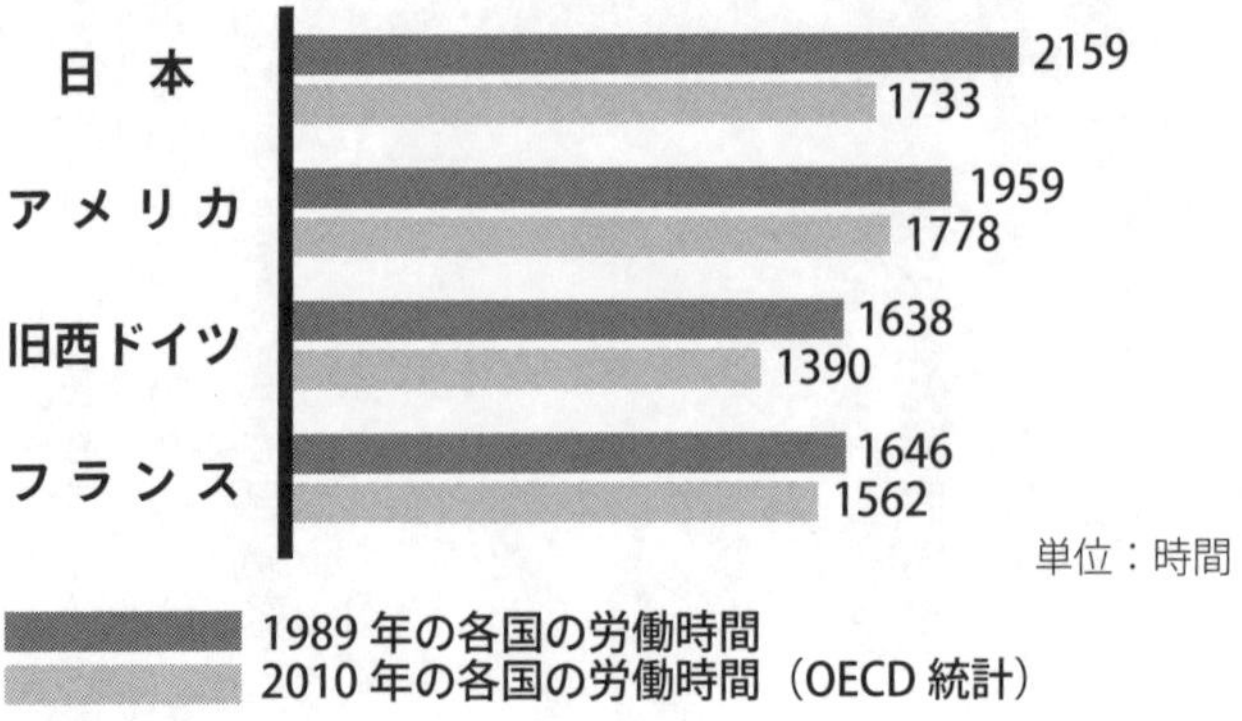

（独立行政法人　労働政策研究・研修機構調査他参照。）

武士道――日本人の高い精神性の柱になった

今、国民の道徳、モラルの高さがその国の発展を支えているという話をいたしました。では、日本の発展を支えた道徳観とは具体的に何でしょうか。

思い浮かぶものに三つあります。「武士道」「石門心学《せきもんしんがく》」「二宮尊徳精神」です。

「武士道」で有名なのは、やはり新渡戸稲造《にとべいなぞう》（一八六二‐一九三三）です。彼は、一九〇〇年にアメリカ合衆国で『Bushido: The Soul of Japan』（武士道）という本を刊行しました。

本書はセオドア・ルーズベルト、ジョン・F・ケネディ大統領など政治家のほか、ボーイスカウト創立者のロバート・ベーデン＝パウエルなど、多くの海外の読者を得、絶賛されたと言います。

新渡戸は、本書を執筆した動機をその冒頭で紹介しています。ベルギーの法学者・ラヴレーと散歩をしているときに、ラヴレーから、「あなたがたの学校では宗教教育というものがない、とおっしゃるのですか」とたずねられました。新渡戸が「ありません」と答えたら、ものすごく驚いて、突然立ち止まった。そして、「宗教教育がないとは。いったいあなたがたはどのようにして子孫に道徳教育を授けるのですか」と、繰り返し言われたそうです。

その様子に新渡戸は、衝撃を受けます。そこで改めて、日本の道徳観、すなわち「日本の善悪の観念は何によって養われたのか」と考えたのです。結果、若い頃に教わった「武士道の精神」にあるのではないか、と思い至りました。

『武士道』では、日本人の精神的な土壌が武士の生活態度や信条から醸成《じょうせい》された過程を、わかりやすい構成と言葉で読者に伝えています。

改めて、その真意を、新渡戸博士ご自身の霊言から紹介したいと思います。

新渡戸稲造　（中略）私の本には、（私より）四十年ほど前に亡くなられた吉田松陰先生の言葉に、触れているところがだいぶあります。武士道の精神を考えると、吉田松陰は出てくるんですよね、どうしても。（中略）

「天の意志を、地上に広げる、世の中に広げるために、もし諸君が長生きしたほうが有利なら、長生きしてもよろしいが、諸君が今死んだほうが世に広がるなら、喜んで命を捨てたまえ」という考えが吉田松陰ですよね。（中略）

武士道には、大義名分《たいぎめいぶん》であったり、忠義であったり、破邪顕正《はじゃけんしょう》であったり、いろいろな表れ方があるだろうけど、要は、「何らかの精神的なもので、より高次なもののために、この世でのささやかな幸福とか、人間としての寿命《じゅみょう》とか、楽しみとかを捨てていく」ということですよね。

「この段階においては、ソクラテスやイエスに、決して負けていないものがあるんじゃないか。ここが世界に誇れるんじゃないか」という考えを持っていたのです。

（『日本人よ、世界の架け橋となれ！』四六‐四九ページ）

新渡戸稲造が著《あらわ》した『武士道』は、一種の「道徳の体系」を示しています。その道徳とは、一言で言えば、「高貴なる義務を果たす」ことです。私は、これが「武士道の本質」であると感じます。

もちろん現実には、〝サムライ〟がみな、新渡戸の考える、品行方正な生き方ができたわけではないと思いますが、その本質を、吉田松陰先生の精神に見たのです。

また、「義務を果たすこと」が中心であるため、知識のための知識ではなく、「知《ち》行合一《こうごういつ》」が大前提となっている点が特徴でしょう。

それは、次の七つの体系からなります。

i. 義（正義の道理）
ii. 勇（正義の実行、大義の勇）
iii. 仁（他者への哀れみ、愛）
iv. 礼（同苦同悲、慈愛と謙遜、優しさ）
v. 誠（嘘をつかない、正直さ）
vi. 名誉（寛容、忍耐、寛大）
vii. 忠義（主君のために死ねること）

さらに、新渡戸は、これらのバックボーンには宗教思想があることを意識し、本書の基礎にしています。その宗教思想とは、「仏教」（とくに禅）「儒教」「神道」の三つです。

『武士道』のなかで、これら三つの宗教と武士道の関係を述べられているので要約してみましょう。

仏教――仏教は武士道に、運命に対する安らかな信頼の感覚、不可避なものへの静かな服従、危険や災難を目前にしたときの禁欲的な平静さ、生の侮蔑、死への親近感などをもたらした。

神道――仏教が武士道に与えなかったものは、神道が十分に提供している。他のいかなる信条によっても教わることのなかった主君に対する忠誠、先祖への崇敬、さらに孝心などが神道の教義によって教えられた。そのため、サムライの傲岸な性格に忍耐心がつけ加えられた。

儒教――道徳的教義に関しては、孔子の教えが武士道のもっとも豊かな源泉となった。
(新渡戸稲造著『武士道』二四 - 二八ページ参考)

このように、武士道の特徴となっている死の恐怖の克服や、忠誠心、忍耐心、道義心などは、宗教思想がベースにあったことがわかります。そして、新渡戸が指摘したこの武士道精神は、日本人の美徳として現代に生きる私たちの心にも一種の憧《しょう》憬《けい》として確かに息づいているのではないでしょうか。

さらに、大川総裁は『現代の武士道』という経典のなかで、武士道の歴史が日本を超えている面があり、たとえば、J. F. ケネディやリンカン、ガンジーらの精神にも武士道があること、また、その源流は、日本神道の古文書『ホツマツタヱ』に伝えられる根本神「天御祖神《あめのみおやがみ》」にまでさかのぼることができることを、「宿命通力《しゅくみょうつうりき》」によって明かされています。詳しくはぜひ『現代の武士道』を味読《みどく》いただき、「武士道」の本当の姿を学んでいただきたいと思います。

石門心学――日本の国体や文明開化の源流になった

日本人の道徳観を考えるに際し、次に取り上げたいのが、石田梅岩《ばいがん》（一六八五-一七四四）の「石門心学」です。

宗教社会学者であるR・N・ベラー氏は、西洋以外の地・日本で、なぜ資本主義が発達したのか、という疑問への答えに、この「石門心学」があることを発見しました。マックス・ウェーバーが、西洋の資本主義の発達に「プロテスタンティズムの倫理」が影響していることを指摘したように、ベラーは、日本の江戸中期に存在した石田梅岩とその思想のなかに、日本的資本主義の精神を発見したのです。（注）

石門心学の特徴は、商業倫理、道徳、繁栄論にあると言えます。あの松下幸之助も石田梅岩の思想を座右の銘にしていたようです。

また、仏教、儒教、道教、神道の諸学問が統合されていると言われているので、武士道同様、基には宗教思想があります。大川総裁は、この思想が明治以降の日本をつくってきた一つの源流になっていると指摘されています。

私は、日本の戦後体制を見直すに当たって、「日本の国体は、いかにあるべきか」ということを、いろいろと考えていたのですが、戦前の日本人をまとめるものの中心には「教育勅語」がありました。

その教育勅語について、私は、「明治天皇の言葉で出来上がっていて、明治時代につくられたものだ」と思っていたのですが、「教育勅語の精神のうち、七、八割は、実は石田梅岩の『心学《しんがく》』から出ている」と書いてあるものを読んだのです。

もし、そうだとしたら、明治以降の日本の国体や文明開化をつくってきたものの源流の一つに、石田梅岩が位置する可能性があります。

(『石田梅岩の庶民繁栄術』一五ページ)

この「石門心学」の特徴としては、次の三点が挙げられます。

ⅰ．儒教・仏教・神道を融合するという従来にない大胆で斬新な発想。
ⅱ．「道話」（身近なたとえ話）でわかりやすく説明し、幅広い層に受け入れられた。
ⅲ．商人の儲け（利益）は武士の俸禄《ほうろく》と同じだと主張し、商人の地位を高めた。

とくに私が注目したいのは、石田梅岩の非常に宗教心あふれる人格が「石門心学」の基礎になっている点です。

その特徴の第一に「正直さ」を重視した点が挙げられるでしょう。彼は、弟子たちに、幼い頃に父に叱られたときの話を繰り返ししています。

梅岩が幼少の頃、栗を裏山から拾ってきたら、父親から「その栗は山のどのあたりから拾ってきたのか」と尋ねられます。そこで、拾ってきたあたりを説明すると、「うちの山の栗の木は、そのあたりには枝を伸ばしていない。返して来い」と叱られます。梅岩は食事の途中だったのですが、ベソをかきながら返しにいった、という話です。

人に見られていないところの行いでも、正直でなければならない――梅岩は、このときの体験から学んだ「正直」を一生涯貫き通すべく、自分自身の性格改善に七《しち》転八倒《てんばっとう》しています。

十四、五の頃には、「自分は幼少の頃から理屈っぽい性格で、友だちに嫌われ、意地の悪いところもあった」ことに気づいて悲しくなり、その後ずっと修養に努めます。五十歳くらいになって、やっと「意地の悪さはほぼなくなったと感じた」と述べています。

彼の心学の特徴には、「正直」「勤勉」があると言われますが、その背景には、一生涯修養に努めた梅岩の生き様があるのです。

第二の特徴は、この時代の人には珍しく「愛」ということを重視した点です。石門心学では、「倹約」の大切さが強調されています。それは、単にケチに生きろということではなく、無駄なお金の使い方をせず、貯めたお金を世のため、人のために使うための教えです。

彼は、「倹約（つづまやか）することの心がけの中には、おのずと人を愛するという道理が備わっている」「人を愛そうと思っても、金銭に不足すれば、十分に愛せないこともある。そこでも倹約が基本となる」と述べています。

このように、「倹約の思想」を愛の思想として捉えている点は、たいへん興味深いものがあります。

第三の特徴は、彼が明確に「悟り」というものを求めていた点です。梅岩は、四〇歳頃まで商人として生活していましたが、その間、まじめに働きながら、儒教・仏教・神道など、その後の心学の形成につながるようなものを、独学で勉強していたと言います。

また、禅宗で在家の仏教者・小栗了雲《おぐりりょううん》に師事し、仏教の修行もしています。修行のなかで梅岩は、人間の本質、生命の本質、世界の本質とは何かを徹底的に究《きわ》めようとするのですが、悟りが開けず、一年半くらい苦しんだと言います。そして、二度、開悟体験をしたようです。

最初に得た悟りの境地を師に伝えたときは、「まだ自分というものがのこっている」と、突き返されます。二度目の体験では、自意識から解放された「主客合一《しゅかくごういつ》」を体験したといい、そのときの境地を詠んだ歌が遺っています。

呑《の》み尽くす　心も今は　白玉の　赤子となりて　ほぎゃの一声

赤子のように生まれ変わった、そういう境地を得たのです。禅でいう「見性悟《けんしょうご》道《どう》」です。これが四三、四歳のときと言われます。

ここには、宗教家の得る「無我」の境地に通ずるものがあるのではないかと思います。こうした宗教的境地を得た人が説いているのが、「石門心学」です。つまり、この思想が単なる道徳でなく、その基礎に宗教心があることが、はっきりわかります。

二宮尊徳精神
――自助努力を根づかせ、道徳と経済発展を結びつけた

三つ目に取り上げるのが、二宮尊徳の思想です。

二宮尊徳（一七八七‐一八五六）は、江戸時代後期の農政家・思想家です。小田原

藩出身の農民であったのですが、家老・服部家の財政を再建して有名になり、下野国桜町領《しもつけのくにさくらまちりょう》（現在の栃木県真岡市）など、六百カ所以上の農村や藩領の復興に携わっています。

①尊徳に見る「自助努力の精神」の真髄

まず、尊徳の生き方として第一に挙げたいのが、徹底した自助努力の精神です。たとえば、少年期に両親を亡くしたあと、伯父《おじ》の万兵衛《まんべえ》に引き取られましたが、亡くなった父母のためにも何とか家を復興しようと懸命に働き、その合間を縫《ぬ》って勉学に励んだ話は、多くの方がご存知の通りです。

奉公先のおじさんは少し意地悪で、金次郎（尊徳の通称）が夜、火を点《とも》して勉強していると、「無駄な出費だ。恩知らずめ」と罵倒《ばとう》したり、「学問など何の役に立つのか、その時間もお前のものではなく私のものだ。そんなヒマがあれば寝るまでの間、縄をない、仕事せよ」と怒ったりして、彼に勉強させせないようにしました。それでも文句を言わずに、夜更《よふ》けに衣類で密かに明かりを覆って、一番鶏《いちばんどり》が鳴く頃まで勉強を続けたと言います。

彼は、どんな悪環境に置かれても、言い訳や他人を恨むことは一切しませんでした。ひたすら、置かれた状況のなかで、自らのできる努力の範囲で、それをどう突破できるかという〝創意工夫〟に徹したのです。二年後には借金のかたに取られた先祖からの田畑を買い戻し、見事に家を再興し、栢山《かやま》村（小田原藩）の成功者となっていきました。このときに尊徳は、「小さい物事も積み重ねていけば、やがて大きくなるのだ」という「積小為大《せきしょういだい》」の思想にいき着きます。

尊徳はその後も勉強を続け、「天保の大飢饉《だいききん》」を予測して多くの村民の命を救ったり、荒廃した農村を数多く復興させたりしました。

こうした偉業を支えたものは、彼の勤勉さや勉強力だと私は思います。「二宮翁夜話《にのみやおうやわ》」などの発言を見る限り、仏典、四書五経、道教などの知識や、独自の経験から紡《つむ》ぎ出した実学など、尊徳の活躍の背景にはそうとうな教養があることがうかがえます。

幼少の頃、貧乏で苦労した尊徳は、寺子屋で学ぶこともできませんでした。そんなか、どうやって勉強したのでしょうか。いくつか彼の勉強法をピックアップして紹介します。


i．歩きながら、声に出して勉強した。

ii．臼《うす》を挽《ひ》きながら、一回挽くごとに、一節読むことを繰り返した。

iii．家老職の家に奉公に出て、その子息が藩校に通う際、子息のお供で講義を聞いた。

iv．大事な教えを繰り返し学び、とくに四書五経のうち四書はほぼ暗記した。

v．学んだことを必ず実践に移した。


尊徳の勉強の態度として特徴的なことは、「学問は活用してこそ尊い」という考え方で徹底していることでしょう。学んだことをしっかり腑《ふ》に落として実践していたのです。

たとえば、弟子とのエピソードに「豆問答《もんどう》」というものがあります。ある弟子が入門するときに、尊徳はこういう問いを投げかけます。

「おまえは、豆という字を知っているか」

「はい」

「では、書いてみよ」

弟子は、けげんに思いながら〝豆〟と書いて差し出しました。すると尊徳は、実物の豆を持ち、「一緒にきなさい」と言って、彼を馬小屋へつれていきました。そこで、尊徳が、紙に書いた豆と実物の豆を馬に差し出すと、馬は本物の豆を食べました。このとき尊徳は、「どうだ。字に書いた豆は馬は食わない」と諭《さと》しています。

学は世に役立たなければならない——徹底した実学精神が、二宮尊徳精神の主柱になっていることが、よくわかる話です。

②「経営コンサルタント」として見た二宮尊徳

二宮尊徳の生き方の第二に、何ごとも根本的に問題を解決し、長期的、堅実な発展を目指した点が挙げられます。尊徳は、今風に言えば「赤字で苦しむ倒産しかかった中小企業をみごとに再建していく」かのような、非常に優秀な経営コンサルタントに見えます。

彼は、数多くの荒廃した村を再建していくわけですが、初めに必ず取り組むことが、村人たちの精神（これを心田《しんでん》と呼んだ）の再興です。尊徳は、「村が荒れ果ててしまったのは、その人たちの怠惰であり、〝心の田〟が荒れているからだ」と考えました。この根本原因を見抜いて、善を奨励し悪を教誨《きょうかい》するという儒教的な倫理・道徳観で人づくりをしていったのです。尊徳が指導した村々では、まるで人びとが生まれ変わったように、善良で勤勉な遺伝子が植えつけられていったと言います。

また、尊徳の最も特徴的な手法に「分度《ぶんど》」があります。のちに報徳仕法としてマニュアル化され、子息や弟子たちがこれを使い明治以降も村の建て直しを行っていきます（これがのちに、「報徳社」となっていく）。

分度とは、過去にさかのぼって復興対象の村や藩の生産高を調べ上げ、土地の状況や民度を総合して実態的な石高《こくだか》を算定し、それに基づいて、その後、長期にわたる収支を明確にします。いわば「経営計画書」作成のすすめです。基本は、十年さかのぼって調査し、その後の十年の計画を建てます。

とくに驚嘆すべきは有馬藩に依頼された取り組みでしょう。ここでは、記録に残っている百数十年前までの資料にさかのぼって分析し、計画を策定しています。また、村人たちの経済状況を把握し、「極難《ごくなん》」「中難」「無難《ぶなん》」と段階をつけ、それに応じた対策を講じるなど、非常に合理的で、まさに、現代の経営コンサルタントさながらの手法を編み出しています。

③ 道徳と経済の一致を実現する尊徳の思想

二宮尊徳の特徴の第三は、道徳観と経済的発展を結びつけたという点にあると思います。その一つの手法に「五常講」があります。日本には以前から、無尽講《むじんこう》や頼母子講《たのもしこう》など、お金を融通する相互扶助団体がありましたが、これらはとくに、江戸時代に大衆的な金融手段として確立されたようです。これに五常（仁・義・礼・智・信）と言われる儒教的精神を取り入れた五常講というものを尊徳はつくっています。

これは、無利息でお金を貸しつけるのですが、その際に、先に述べた「五常の徳」

を守り、約束の期限に返済することが条件となっています（ただし、完済後、もう一年分を冥加金《みょうがきん》という謝礼を払うので、実質的には低利息融資）。これを通して、経済的にも精神的にも自立した人間の育成を、システム化したのです。これはどこか、ムハマド・ユヌスで有名なグラミン銀行のマイクロファイナンスを連想させます。グラミンでは、お金の知識を同時に身につけさせるなどして、金銭的な救済と経済的に自立した人間育成を行っていますが、尊徳は百数十年も前に、精神的自立にまで踏み込んだ人間完成への道を確立する、一種の発明をしていたと言えるのではないでしょうか。

ここまで取り上げた二宮尊徳の三つの特徴は、「勤・倹・譲」という尊徳の根本思想に対応するものでもあります。また、尊徳は、自らの思想を「神・儒・仏」の三道の正味《しょうみ》を入れたものと言い、そのすべてを包含《ほうがん》したものと考えていました。

日本の全階層をカバーする道徳体系が存在していた

「武士道」「石門心学」「二宮尊徳精神」と、日本の道徳観に大きな影響を与えてきた三つの思想を取り上げてみましたが、当時のヨーロッパ、アメリカの思想と比較してみても、決して負けていないどころか、優れている点も多いということが見えてきます。

それぞれの特徴を簡単に振り返ってみます。

i．武士道は、指導者、リーダーの道徳。これは、「吉田松陰精神」とも言える。

ii．心学は、庶民の商人階級の道徳を形成している。

iii．二宮尊徳精神は、農村指導を通して、そこに従事する人たちの道徳を形成する思想であった。ある意味では、石田梅岩の「商人道」に対して、「農民道」とも言えるし、「経営道」でもある。

このように見てみると、当時の日本人の全階層をカバーする「道徳体系」が存在していたと言えるわけです。これは、すごいことです。それらの基底には、古来、日本的精神の形成に大きな影響があった、神道・仏教・儒教があり、日本の精神性は宗教思想によってガッチリと支えられていたということが明白です。

「新時代に求められる道徳」とは何か

古来の思想も含め、こうした日本人の道徳観がまとめられたものが、本章の冒頭でも触れた「修身の教科書」だったわけです。

では、これからの時代にあるべき道徳とは何か。幸福の科学教学から導き出せる、いくつかのポイントを挙げていきたいと思います。

① 宗教をバックボーンに持った「道徳」であること

第一は、やはり、「宗教あってこその道徳である」という本来のあるべき姿に立ち返ることです。日本の教育から宗教を抜いたことによる弊害として、倫理・道徳観、精神性の低下が現れていることを、大川総裁は次のように指摘されています。

全体的に、「欲望に流されやすく、刹那《せつな》的、瞬間《しゅんかん》的なことに喜怒哀楽《きどあいらく》を凝縮《ぎょうしゅく》して感じるようなタイプの人」が、大人にも子供にも増《ふ》えていると言ってよいと思うのです。

そういう「キレる人」、衝動的な怒《いか》りや欲望を抑え切れない人が増えた背景《はいけい》には、「刹那的なるもの」の正反対のもの、要するに、「永遠《えいえん》なるもの」「普遍《ふへん》なるもの」「長い時間の間に成就《じょうじゅ》されるもの」というような視点《してん》が欠落《けつらく》し、失《うしな》われていることがあると言ってもよいのではないかと思います。

（傍線筆者。『心を育てる「徳」の教育』九七ページ）

また、学問の祖であるソクラテスは霊言において、現代社会の様相を見ながら、宗教がない道徳の危険性を、このように見抜いています。

ソクラテス　だから、気をつけなければ、神様がいなかったら、「道徳」というのが、「時の権力者が、自分の言うことをきかせるために使う行為」になりかねないということになりますよね。

つまり、神様を否定すればどうなるか。それは、お隣《となり》の中国で起きたことと同じことになります。「毛沢東《もうたくとう》が国家主席になる。そうしたら、宗教家でもないのに、宗教家よろしく、『毛沢東語録』のような赤い表紙のものをみんなが持って、こうやって振《ふ》っている（右手を頭の上まで上げて、手を振るしぐさをする）」。

「神様がない世界」は、こういうことになりますよね。（中略）

だから、この世限りでの彼らが、自分らが〝民衆を支配する道具〟として「道徳」を使う。つまり、道徳も、「あの世を認めない道徳」であれば、この世の権力者が、その権力を行使する手段、人々を洗脳し、誘導《ゆうどう》し、そして、服従させる手段として使うわけです。だけど、神という存在があった場合には、これは、なかなか許されないことになりますね。

（傍線筆者。『ソクラテス「学問とは何か」を語る』七三 - 七五ページ）

結局、「宗教心を高めた上での道徳が大事だ」と考えなければ、道徳は成り立たないということなのです。

②偉人・英雄を認め、自助努力・利他の精神を中軸にした「道徳」であること

第二は、かつての『修身』のように、偉人の生き方を手本とすることです。この大切さを、大川総裁は次のように説かれています。

偉人《いじん》といわれる方々には、たいてい、そういう神仏の思いのようなものを信じ、それを受けて行動していた方が多いし、そういうことを思わないと、普通《ふつう》の人では、とてもではないけれどもやり抜けないような、困難な事業をした方が多くいます。

ですから結局、基本的には、「偉人・英雄《えいゆう》たちの研究」をしていけば、神仏の存在までつながってくるものはあるのではないでしょうか。

（『新時代の道徳を考える』一〇二 - 一〇三ページ）

偉人たちの生涯というものを手本とすれば、心の実相にあるもの、向かうべき道標というものがかなり明らかにわかってくるわけです。

（『新・心の探究』一九三ページ）

一九八〇年代にアメリカ経済が「双子の赤字」で苦しんでいるとき、日本経済は、飛ぶ鳥を落とす勢いで成長していきました。これを見て、当時のアメリカのレーガン大統領は、戦前の日本の修身の教科書を手本に国民の愛国心を取り戻し、教育の荒廃を改め、国家の立て直しを図りました。経済が衰退しかかっている理由の一つは、アメリカ国民の道徳観の欠如、教育の荒廃だと見たからです。

このときレーガンが知ったのは、日本の修身の教科書に、偉人・英雄の生き方がたくさん紹介されていたことです。そこで、ウィリアム・ベネット氏を教育長官に任命しました。この方はのちに『魔法の糸』という本を書いて有名になりました。ちなみに、この本は、大ベストセラーになり、アメリカ家庭の第二の「聖書」とも言われています。この本には、有名・無名にかかわらず、美しい生き方をした人たちのエピソードが、小さな物語としてたくさん収められています。こういう方を教育行政のトップに任命することで、自国民に自助努力の精神、愛他・利他の精神など、人間精神を復興させるものを奨励したわけです。

現代の日本には、偉人を手本にするような教育は失われつつあると思います。たとえば、偉人を平凡人として扱おうとする見方があり、これまで尊敬されてきた歴史上の偉人たちを教科書から削除しようとする動きもありました。

これは〝格差〟を嫌悪する左翼思想が、日本の教育のなかに根強くあるからでしょう。そして、世のため人のために尽くす自己犠牲的精神など、神仏の思いを体現した生き方を、人間としての理想とするという教育を否定する傾向につながっています。

しかし、人間の本質にある仏の子としての性質を開花するには、偉人を手本とする生き方を道徳のなかに復活させる必要があるのです。

③　金銭・経済繁栄を肯定する「道徳」であること

第三は、金銭・経済繁栄を肯定する「道徳」観を確立することです。石田梅岩は、霊言のなかで、努力、智慧、やる気、勇気と結びついた金銭道徳の大切さを次のように示していました。

石田梅岩　（中略）お金っていうのは、昔からよく戒《いまし》められているから、これを肯定《こうてい》するには、けっこう勇気が要《い》るんだが、そういう、昔の宗教では教わらなかったことを教える必要が出てきたのが、「近代」ということだな。

お金を儲けるにも、智慧《ちえ》が要るし、やっぱり努力が必要だよね。

「その人間の持っている智慧と努力に応じた結果が現れてくる」ということを肯定してあげることによって、みんな、やる気と勇気が出てくる。これが大事なことやな。

（『石田梅岩の庶民繁栄術』四八ページ）

伝統宗教のなかで否定されがちな金銭の意味を説明し、肯定することによって、現代社会・未来社会と共存できる道徳観を打ち立てることができます。すなわち、宗教・道徳・経済繁栄が一体となった生き方や、社会の発展が実現できるのです。これこそ、現代社会・未来社会に要請される規範となるはずです。

④ 個人と集団との関係を正しくする「道徳」であること

第四は、集団と個人との関係を正す考え方を示すことです。大川総裁は、個人と社会全体の両者を見る目を持つことの大切さについて、このように述べています。

ミクロだけ、個人個人だけで考えてもいけないところがあります。やはり、人間は社会的動物でもあるので、そういう意味での「社会性」と、「個人」の両方を常に考える目は持っていなければいけないのではないかと思います。

（『新時代の道徳を考える』九九ページ）

ミクロとマクロの両方の眼を持つことは、「社会的動物」としての人間の成熟、社会人としての健全性が育まれていく面があるわけです。

「個人の自由」だけをつき詰めていくと、他人の自由よりも、自分の自由が優先されてしまいます。結果的に自我が拡張され、弱肉強食の世界になっていくのです。現在のアメリカ、日本社会のモラルの低下などを見ると、現代の西欧型文明の問題点が、このあたりにあるように思います。

かたや「集団の幸福」の実現が、平等の行き過ぎになってしまう危険性も看過できません。〝平等〟の下《もと》の全体主義的で一律な価値観による圧制や、共産主義的な結果平等になれば、これもまた幸福は実現できません。

あるいは、正しい「愛国心」を持つことも、社会的存在としては不可欠です。日本では戦後、「愛国心」を持つことを、戦争を肯定する悪いことのように言う風潮が強いのですが、これも、自分の安泰《あんたい》を中心に考える極端な個人主義を生んでいるところがあります。

古代ギリシャを見れば、愛国心は民主主義の成立と関係が深く、戦前の「国家社会主義」のようなものとは違うことがわかります。大川総裁も、こう指摘されています。

人間として、世界全体を視野に置いて考えるのはなかなか難しいことではあるので、それ以前の段階として、「自分が帰属《きぞく》している社会や国家をよくするという範囲《はんい》で、〝分権化《ぶんけんか》〟して努力する」という考え方が一つあるわけです。

（同書、一一三ページ）

つまり、愛国心とは、同時代に生きるものへの「同胞愛」です。幸福の科学教学でこれを位置づけるなら、「愛の発展段階説」にある第一段階の愛＝「愛する愛」の実践にあたります（※３）。「愛国心」を持つことは、人間修行として大切な愛の実践なのです。

このように、個人と集団の関係を考える際には「利自即利他」の精神で、自分を利する生き方が、他を利することにつながる生き方を目指すことが大切なのだと思います。言葉を換えれば、自助努力と与える愛からの発展・繁栄の実現を目指す生き方です。

こうしたことが、幸福の科学教学から考える「新時代の道徳観」のあるべき姿の一例であると考えます。

※３　『真理の発見』参照。

【脚注】

（注）大川隆法総裁は、『マックス・ウェーバー「職業としての学問」「職業としての政治」を語る』のなかで、日本の資本主義の精神として、古くは奈良時代の僧侶・行基、江戸時代の僧侶・鈴木正三、同じく江戸時代の二宮尊徳、明治期の渋沢栄一を例に挙げている。

第5章

心理学は、宗教の代わりになる？

QUESTION 5

現代社会では、うつをはじめとした心の病が増えていると聞きます。書店にいくと「心理学」系統の本がたくさん出ていて、注目が集まっているようです。従来、人間の心のケアは宗教が担ってきたと思いますが、その代わりを精神医療や心理カウンセリングなどが担うケースも増えてきていると思います。

私は以前、「心理学があるのだから、今さら宗教など必要ないじゃないか」と、面と向かって言われたことがあります。残念ながら充分に反論することができず、悔しい思いをしました。

しかし、「心理学」は、心の科学と考えられてはいますが、宗教と一定の距離を取ったり、場合によっては否定したりすることもあります。これが宗教の代わりに人びとの心を救うことができるものなのか。また、宗教を超えて、心の病や、健全な心を育む力を持っているものなのでしょうか。

神なき心理学の問題点――フロイトとユングの比較から

確かに、アメリカなどでは日本と比べ、かなり広くカウンセリングが普及していると言われています。家庭問題や仕事上の精神的ストレスなどの問題解決の手段として社会に浸透していて、わりあい気軽に日常の自己管理、心のメンテナンスをカウンセラーを通して行う習慣があるようです。

大川隆法総裁も、「宗教の分野が、学問的には、十分に、あるいは、正当に入り込《こ》めていないため、二十世紀以降は、主として心理学が、それに代替《だいたい》するものとして広まっているところがあります」と述べています。（※1）

本来であれば、牧師さんの説教や聖書の教えに基づいて自己をコントロールして生き方を正していくものを、心理学やカウンセリングがその代替手段になっているところを見ると、アメリカでも宗教の教えと実人生が乖離《かいり》してきていることがわかります。

※１　『「人間幸福学」とは何か』p.78

「心理学」は「宗教学」同様、比較的新しい学問の一つで、ウィリアム・ジェームズ、フロイト、ユングなどが草創期の代表的学者です。

ウィリアム・ジェームズ（一八四二 - 一九一〇）は、『心理学』という本を著《あらわ》したほか、代表的著書である『宗教的経験の諸相』では、手記資料法を用いて信仰者を分析して、回心のプロセス、聖者性や神秘体験の特徴を示すなど、宗教心理学の確立に大きく貢献しています。（※2）

また、「自分の行いが変化をもたらすかのように行動しなさい。それが変化をもたらすのだ」「楽しいから笑うのではない。笑うから楽しいのだ」などの名言に見られるように、人間の行動と心の関係や、信念などによって人生を変えることができることを主張しています。

今でもアメリカの自己啓発本には、ジェームズの言葉がよく引用されていますので、非常に大きな影響を与えている方の一人だと思います。

ジークムント・フロイト（一八五六 - 一九三九）は、近代心理学の巨匠《きょしょう》であり、精神分析学の父です。哲学者のバートランド・ラッセルは、近代をつくった重要事

※2　松本滋著『宗教心理学』pp.18-19 参照。

件として、アインシュタインによる相対性理論の発見、ダーウィンによる進化論の確立、レーニンによる共産主義国の建国、フロイトによる潜在意識の証明の四つを挙げ、フロイトが潜在意識、つまり無意識の世界を具体的に解明したことを大きく評価していたと言われています。（※3）

「無意識の存在」自体はフロイト以前から指摘されていたのですが、フロイトの仕事は、目に見えない人間の心の深層にある無意識の世界を、数多くの臨床例《りんしょうれい》から理論づけ、「精神分析学」という学問を構築したことにあるでしょう。

また、フロイトの特徴は、この無意識の解明を基点として、人間の心の構造を理論化した点にあると言えます。それが、「自我」「超自我」「エス（イド）」という三つの心の機能と無意識に関するものです。

幸福の科学教学でも、フロイトが無意識の世界を肯定したことについては評価しています。

※3　J．マーフィー著『眠りながら成功する』「訳者序」参照。

① 宗教を否定するフロイト、宗教を尊重するユング

しかし、フロイトの主張には、明確に看過できない点があります。それは、宗教に対する見解です。彼は著作のなかで、はっきりと「宗教的な教義は全体的として幻想であり、証明できないもの」（※4）と一蹴《いっしゅう》しています。フロイトの心理学は「神なき心理学」であり、現在の心理学や医学の唯物論・無神論化の源流にもなっているものです。

フロイトの弟子で、フロイトが「皇太子《こうたいし》」と呼んで後継者と考えていたのが、カール・グスタフ・ユング（一八七五 - 一九六一）です。しかし、のちに袂《たもと》を分かつことになったように、フロイトとユングの研究態度や考え方は非常に対照的です。

その違いの第一は、宗教に対する態度です。ユングは、六十歳のときにロンドンで数百名の学者、医療関係者たちの前で連続講演を行いました。その際、宗教も精神療法家も、「人間の心、精神、魂の苦悩を癒《いや》そうとして」いるが、「宗教はきわめて彫琢度《ちょうたくど》の高い精神療法の体系であり、その背後には偉大な実践的真理が存在」していることを語っています（※5）。また、ヒンドゥー教、仏教、中国の道教などに

※4　フロイト著『幻想の未来／文化への不満』P.65
※5　C. G. ユング著『分析心理学』p.262

ある心の神秘性に真理があると考えていました。ユングは、明らかに宗教を尊重していたのです。

フロイトは、証明できない神秘的なものを否定しており、ユングがそうした研究を進めていこうとしていることに対して「親愛なる息子に警告を発します。頭を冷やしなさい」と述べています。

彼らが決別した理由の一つもここにあります。フロイトはその著作を読むとわかるように、オカルトや宗教に対して敵対心を持っているので、〝そちら側〟に走ったユングを「おかしくなったのだ」と批判したのです。

② 学問的権威か、真理の探究か

フロイトとユングの違いの第二は、学問探究に対する態度です。

若きの日のユングは、フロイトの学問に感銘を受けて師事するようになったわけですが、無意識の研究にあたって幼児性欲を強調する点には、当初から違和感を持っていました。そして、徐々に、これ以上一緒には研究していけないと考えるようになります。

たとえば、ユングがフロイトのある説に正面切って指摘したとき、フロイトは、怒りのあまりユングの目の前で椅子から転げ落ちて失神してしまったことがありました。

また、食事中に、ユングがフロイトに先史時代の死体の話をすると、「ユングが自分の死を願っている」と勘違いして発作を起こしてしまったこともありました。

あるいは、フロイトが見た夢について、ユングが夢解釈をしたとき、「あなたの私生活から詳細な追加情報を提供していただければ、もっと詳細な解釈ができるのですが」と提案すると、フロイトはここでも激怒します。最高度の疑いの目でユングを見て、「しかし私は、私の権威を危うくすることはできないんだ！」と言い放った瞬間、ユングはフロイトに対して失望するわけです。

フロイトは「自分の権威が傷つけられた」と感じると、ものすごく怒る方だったようなのですが、かなり度を越した感情の乱れ方です。

ユングは、自伝のなかでこのように言っています。

「私は真理の探究にかかわっていたのであって、個人的な名声の問題にかかわっていたのではなかった」

「フロイトは個人的権威を真理の上位に位置づけていたのである」

このような何度かの衝突を経て、最後は手紙で訣別することを伝え、フロイトの下《もと》を去っていきました。

これは余談になりますが、ユングはこうしたフロイトの態度や精神状態から、かなりやっかいな症状を伴う神経症に罹《かか》っていると見ていたようです。「先生でさえ自分の神経症を処理できないとすれば、そのことが精神分析の理論や実践にとっていったい何を意味しているのか理解できなかった」と疑問を呈しています。（※6）

③心の本質に対する理解の違い

第三は、「無意識」に対する理解です。

フロイトは、無意識は人間を突き動かすエネルギーであり、これがその人の人生に大きな影響を与えていると考えました。このエネルギーが、欲動（人間の本能的

※6　ユング著『ユング自伝1』pp.213-239参照。

エネルギー)、あるいはリビドー(エロスの欲動を突き動かすエネルギー)と呼ばれるもので、三つの心の機能のなかの「エス」の部分にあたるとします。ただ、この欲動を社会生活のなかではストレートに表に出すことができないので、「自我」によって無意識下に抑圧している。そして、この抑圧による歪みが、精神的疾患《しっかん》(フロイトやユングの時代で言えば「神経症」)となって現れてきている。ゆえに、これを抑圧しているものを突き止めて自覚し、意識化することで精神的な病や、それに関連した肉体の変調が解消する——これが、フロイトの説でした。この欲動として彼が重要視したものが「幼児性欲」というリビドーです。

しかし、この性欲的なものに心の本源を求める考えには納得がいかなかったのでしょう。ユングのほうは、無意識にはもっと奥深いものがあると考えました。これが「個人的無意識」に対する「集合無意識」です。心の奥の世界には、神話の世界などの人類普遍の意識があり、人間はみなその世界とつながっているのだと考えたのです。

その真意について、ユングは、霊言で次のように言及しました。

ユング　（中略）私は、「直観的なものの見方」というものにも一定の信頼《しんらい》は置いていたし、「この世に偶然《ぐうぜん》なるものはない」というふうに、まあ、これも直観ですけども、そう感じている者であったのでね。（中略）

私の目には、宇宙の表側に出ている「三次元の世界」と、その裏側にある「無意識の世界」とを、大きな大きな網《あみ》の目のようなものが結んでいるように見えていて、偶然なるものはなく、実は全部が、現在のインターネットや携帯《けいたい》電話のように、いろいろなものでつながっているのではないかなという感じがしましたね。

（『「ユング心理学」を宗教分析する』二九 - 三〇ページ）

ユングは生前から、「『本当の世界は、この目に見えている世界だけではないのではないか』ということに対して、深い確信」を持っていたのです。（※7）

無意識に対する両者の考え方を比較してみると、ユングが、非常に高い精神性を

※７　『「ユング心理学」を宗教分析する』p.28

人間の心に見いだしていたのに対して、フロイトが捉《とら》える無意識下にある本能は、明らかに動物的本能、あるいは、フロイト自身が意識したように生物学的本能です。その意味で、フロイトの学問を肯定することは、神の子・人間を、動物的存在に貶《おとし》めていく危険性があると考えられるわけです。

ユングは、すべてを「単なる性欲」や「精神性欲」に還元してしまう「解釈の単純さ」のなかに、フロイトの悲劇性を見ました。フロイトは偉大な人物であるが、「それ以上にデーモンにとりつかれた人物だった」と言い切っています。（※8、詳細は章末の付記を参照）

「潜在意識」とは何か

ともあれ、フロイトを中心とした心理学の大きな貢献としては、「潜在意識」「無意識」の解明があるわけですが、心理学でいう「無意識」と、幸福の科学でいう「潜在意識」の違いを考えてみたいと思います。

※8　ユング著『ユング自伝１』pp.213-239 参照。

『超・絶対健康法』には、次のように説かれています。

医学的には探究《たんきゅう》不能なので、無意識や潜在意識と称《しょう》されているわけですが、心理学者たちも、本当は、「その世界は広大無辺である」ということを感づいているのです。しかし、「それは、どういう世界であるのか」ということについては、説明することができないでいます。

その無意識界というもののなかには、自分自身の無意識の世界、守護《しゅご》・指導《しどう》霊《れい》とつながるような世界と、自分自身にとっての敵対勢力《てきたいせいりょく》とも言うべき、地獄《じごく》の世界があります。自分を害そうとしている霊的世界とのつながりもありうるのです。この両方が人生に影響を与えています。

（傍線筆者。『超・絶対健康法』一六八 - 一六九ページ）

大川総裁は、フロイトやユングたちが指摘した無意識の世界とは、実は「霊界」のことであることを解明しています。各人の心は霊的世界とつながっており、この霊界からの影響が、その人の人生に影響をおよぼしています。フロイトらは、「無意識がその人の生き方に深くかかわっている」と主張していますが、ある意味でその通りでしょう。

フロイトやユングが、人間の心を「意識」と「無意識」に分けて考えたように、幸福の科学教学では、人間の心・意識について、このように考えます。

「地上の人間の意識（表面意識）は、ほんとうはその人の一割にしかすぎず、残りの九割は、潜在意識下にあり、霊界に残っている。ここが、本当の自己であり、隠された自己である。これが『霊的自己』の部分である」（※9）

ですから、この本当の自己である「霊的自己」に目覚めたとき、現在の私たちよりも、もっと大きな力が発揮できるのです。この世の力を超えた、霊的世界の力を引いてくることができるからです。

さらに、正しい信仰心を持つことができれば、神々や天使と言われる高級諸霊の力を受けることも可能になっていきます。これが、よく言われる「潜在意識に目覚めれば、現在の自分よりも百倍の力が発揮できる」ということの真相でもあります。

※9 『釈迦の本心』pp.131-133 参考。

ただし、潜在意識の世界には、有徳の人たちがいる天上界だけではなく、悪霊・悪魔と言われるものたちが存在する地獄界もあります。その意味でこの地上は、綱引きのように天上界と地獄界の影響を受けているのですが、現在の地上世界は地獄の世界と波長が近いので、悪影響を受けやすい状態になっているようです。

心理学で単純に「無意識」と一括《ひとくく》りにされているものは、幸福の科学教学でいう「潜在意識」のことで、そのなかに「守護霊」「指導霊」「悪霊（憑依霊）」があるとされています。さらに、それぞれの魂の段階が幾層にも分けられているという理論がありますから、幸福の科学教学における「無意識」に関する理論は比較にならないほど精密です。

この意味で心理学にも有用な面はありますが、霊界の理解についての研究はかなり浅く、十分ではないと言えるのです。

「幸福の心理学」とは何か

こうした「潜在意識」の解明に加えて、幸福の科学教学のなかには、「幸福の心理学」があります。「幸福の心理学」がなぜ必要なのでしょうか。『「幸福の心理学」講義』には次のように説かれています。

今、大学では、いろいろなかたちで心理学を教えていると思います。医学部に通じるような理系の心理学もあれば、文学部系統での心理学等もあるでしょう。いろいろなところでの授業をつぶさに分析したわけではないので、よくは分かりかねますが、一般的《いっぱん》に、学問的に「心理学」と言った場合の主流、メジャーになっているものは、残念ながら、本書の表題とは対極的な〝不幸の心理学〟ではないでしょうか。もちろん、「不幸の」という形容詞が付けられているわけではありませんが、現実には〝不幸の心理学〟なのではないかと考えます。

（『「幸福の心理学」講義』一六 - 一七ページ）

たとえば、カウンセリングでは、心の病の原因が何かについてセッションを通して探っていくわけですが、「どうすれば幸福な状態を築けるのか」というところまでは十分なアドバイスが難しいようです。その理論的根拠となる「心理学」の主流が、〝不幸の心理学〟となっているために、〝幸福〟に対してアプローチできていないからです。

「幸福の心理学」では、こうしたカウンセリングの限界に対して、それを突破する考え方を示しています。

私の説く「幸福の心理学」も、どちらかといえば、「そうした優《すぐ》れた人から学んでいこう」とするものです。

（同書、五八ページ）

「心理カウンセラー、心理療法士《りょうほうし》からアドバイスを受けて立ち直る」ということもあるかもしれませんが、もう一段上の「幸福の心理学」「成功の心理学」に至っては、なかなか、そのように個人的カウンセリングができるものではないので、やはり、優れた人の思想に学び、自分なりに自助努力していくことで、そうした人に近づいていくことが可能であると思うのです。

（同書、六一 - 六二ページ）

優れた人の思想、幸福になる考え方を学び、本人自身がそれを取り入れて心の持ち方を変える。これは、心の病を解決するにとどまらず、自助努力を基礎に幸福な人生をつくる後押しをしています。

たとえば、冒頭のご質問で触れられていたうつ症状についてです。

「潜在意識」の説明にあったように、私たちの人生には壮大な霊的世界、潜在意識の力が影響しています。うつ状態に陥《おちい》った要因はさまざまにあると思いますが、悪霊の憑依の影響である場合もあります。この場合、根本的な原因は、その悪霊と同通する本人の心の状態にあります（波長同通の法則）。したがって、うつ状態と決別するには、悪霊に同通するマイナスの波長を変えていかなくてはなりません。

では、どうすればその心を変えられるのか。大事なことは、人生においてハンドルを握って運転しなければならないのは、地上の本人自身であるという自覚を持つことです。その核となるものは、「絶対幸福」という考え方です。

「絶対幸福」について、『「幸福の心理学」講義』では次のように説かれています。


競争社会のなかでは、やはり、失敗したり、落伍《らくご》していく人が多いので、「全員が全員、成功」し、「全員が全員、幸福な心境を味わう」ことは難しいことかと思います。

しかし、そうしたなかにおいて、自分が与《あた》えられた環境《かんきょう》のなかで、自分にとって可能な幸福を花開かせることはできると思うのです。

その意味で大切なのは、「相対的な幸福」「人との比較《ひかく》における幸福」ではなくて、「絶対幸福」とも言うべきもの、「絶対的な幸福」でしょう。「自分は幸福である」と言い切れる人は、やはり幸福だと思うのです。
したがって、自分が、どのような環境にあるか、どのような性格や外見、家《いえ》柄《がら》、教育的バックグラウンド、職業であるかなど、いろいろあるかもしれませんが、「どのようなところに、どのようなものを持って生まれていたとしても、幸福である」という気持ちを持てれば、「その幸福は、相対的ではない、本人自身の絶対的な幸福だ」と言うことができるのではないかと思います。

（傍線筆者。同書、六二 - 六三ページ）

つまり、「ほんとうの幸福」＝「絶対幸福」とは、どのような環境であったとしても、「私は幸福です」と言い切れることであり、「自分の心を統御する幸福」なのです。そして、この「絶対幸福」は、自分でハンドルを握って生きていこうと決意するときに現れてくるものなのです。

「あがり症」を克服するマインド・セットとは

『スタンフォードの心理学講義』には、著者である心理学者のケリー・マクゴニガル氏の、「あがり症」をどう克服するか、という例が紹介されていました。

この方は、TEDのスピーチでものすごく評判がよかった人の一人です。私もそのスピーチを繰り返し見て研究したことがあり、すごく上手に話が組み立てられているなと感心しました。

彼女はもともと「あがり症」だったのですが、このTEDでスピーチをすることで克服できたといいます。

TED出演者たちは、控室で「自分たちがどれだけ緊張しているか、その緊張にどう対処するか」という話ばかりしていたそうです。

ステージ中央には赤い点（スピーカーの立ち位置）があって、それを見れば誰もが完全にパニックになると言います。ケリーさんも、TEDの出演経験者から、「そのときにパニックになってもあわてないでね。誰でもそうなるのだから」と言われたらしいです。

しかし、実際は、まったく落ち着いていて、しっかりと自分の体の意識を感じながら話すことができ、自分を見失うようなことはなかったと言っていました。いままでにないほど冷静にしっかり話せたそうです。その理由はこういうことでした。

彼女の直前のスピーカーは、途中で頭が真っ白になって、話ができなくなって固まってしまいました。完全にパニックになったのです。そのあと、泣き出しそうになりながら観客に背を向けてしまいました。

その様子を見てＴＥＤのディレクターが、彼女にペットボトルを渡しに行き、「時間をかけてもいいから」と励ましました。

そのとき、驚くべきことが起こりました。

観衆がスタンディングオベーションをして、彼女に拍手を送ったのです。

その後、そのスピーカーは、数分で気を取り直し、素晴らしいスピーチをし、話が終わったとき、熱狂的な拍手が湧き起こったそうです。

これを見ていたケリーさんは、これで「あがり症」が吹っ飛んだといいます。なぜでしょうか。それは、「ここにきている人たちは、みな自分たちを批判するためにきているのではなくて、応援しにきてくれているのだ」と理解できたからです。応援してくれていると考えることができれば、エネルギーが出てきて、話し手と観衆との間にエネルギーの循環が起こり、ポジティブなエネルギーの流れをつくることができる、とわかったと言います。現実はどうあれ、大切なのは、発表者自身が彼らをどう見ているのかが重要だと気づいたわけです。

さらに、こういうマインド・セットを自分の心につくるには、普段から、自分が他者を応援する観衆になるよう心がけることだということにも気づいたそうです。これがわかったら、「あがり症」がなくなってしまったのです。（※10、注）

「絶対幸福」を手にする鍵は、幸福への強い決意

この態度は、有名な心理学者のアルフレッド・アドラー（一八七〇 - 一九三七）

※10　ケリー・マクゴニガル著『スタンフォードの心理学講義 人生がうまくいくシンプルなルール』pp.228-235 参照。

の考え方に近いものがあるかもしれません。アドラーは、オーストリア出身の精神科医、心理学者、社会理論家です。フロイトおよびユングと並んで現代のパーソナリティ理論や心理療法を確立した一人で、個人心理学（アドラー心理学）を創始した方です。

アドラーは「対人関係」について、このように述べます。他人について、自分を不幸に陥れる「敵」と見るか、自分の重要な人生課題を援助してくれる「仲間」と見るかで人生や世界はまったく違ったものに見える。こうした対人関係についての「人生の意味づけ」（アドラー心理学では「ライフスタイル」と言う）として、他者を敵ではなく仲間と見る決心をすれば、世界は信じがたいほどシンプルになると考えました。（※11）

「他者を敵でなく、自分の人生の支援者だと考えれば、人間は幸福になれる」ということの態度は、「絶対幸福」を得る一つの鍵となるものです。すなわち、他者や世界に対してこのような見方を〝決意する〟ことは、「自分は幸福である」と言っているのと同じことだからです。

※11　アルフレッド・アドラー著『人生の意味の心理学（上）』、岸見一郎著『アドラー心理学 実践入門』参照。

これが、「自分でハンドルを握って人生を生きていく」という決意なのだと思います。もちろん、絶対幸福の本質には、神、仏との一体感がありますが、その第一歩は、幸福への決意から始まるのです。

いまひとつ底が浅い、現代心理学

もう一つ、幸福の科学教学的心理学の特徴的なものに、「成功の心理学」があります。「成功の心理学」とは、人生の成功・失敗は偶然性や運命論的なものだけではなく法則があり、その成功法則をつかむことによって「人は必ず目的地の方向へ向かって進んでいくことができる」というものです。（※12）

現代心理学のなかでは、アドラーやエイブラハム・マズローの考え方がこれに近いと思います。

Ａ・マズローは、フロイトとは対極に、人間の心の健全性に着目しました。そして、各人の自己実現欲求を充足することで幸福を感得する方法を、「欲求五段階説」

※12　『「成功の心理学」講義』pp.16-17

というもので具体化しました。

現在、アメリカで評価の高い「ポジティブ（肯定）心理学」や「努力の科学」とでも言うべき心理学も、「成功の心理学」に入るのかもしれません。

これらの目的は、「不幸感覚からの脱却」「幸福感覚の獲得」という点で共通しているでしょう。その意味で、これまで宗教に期待されてきた「人間の救い」という機能を近代・現代的スタイルで代替しようとする動きであったと思います。しかし、その思想はあまり深くないように感じます。

たとえば、先ほど例に挙げたようなアメリカの大学で評判の心理学の講義を書籍で読んでみると、そこには次のような実験について書かれていました。

「どうしたら人から信用されるか」について、「周りに見せていることと、実際にしていることが不一致（言行不一致）の場合、信頼されない」という仮説による実験です。

これは、ノースカロライナ大学にある「決断力研究センター」の実験なのですが、ニセモノのデザイナーのサングラスをかけると心理学的にどのような影響があるか、ということを調べています。その実験の結果、ニセモノを身に着けていると、本人に「不信感」が生まれるというのです。それは、本物と偽物の違いを知りながら、ニセサングラスをかけているので、自己を偽っているからだ、と結論づけていました。つまり、不道徳な判断をし続けていることになり、自己不信が強くなるというのです。

さらに、他人に対する不信感も強くなると言います。「他の人も不正をしたりごまかしている」「自分がニセモノなら他人もニセモノ」と考えるという研究結果が出たそうです。

その他にも、「自分が不利にならない効果的な謝罪の仕方とは何か」とか、「感謝の表し方とはどうすればいいのか」「人はなぜ他人に思いやりを持つ必要があるのか」（「思いやりと利他心の研究教育センター」）など、実験とデータの蓄積で結論を出していくのが特徴です。（※13）

興味深い実験だとは思うのですが、一方で、なぜこうしたデータに頼るのだろうかと考えてみました。すると、アメリカの大学に留学して戻ってきたＨＳＵ生が語

※13　ケリー・マクゴニガル著『スタンフォードの心理学講義 人生がうまくいくシンプルなルール』参照。

る、アメリカの大学教育の印象が思い浮かびました。彼らは、「〝データ信仰〟に近いものを感じた」と言っていました。その理由として考えられることは、二つあると思います。

第一は、こうしたデータの裏づけがあることが、科学的＝学問的である、と考えている点です。先の学生たちも、アメリカの大学では、「心の力や信仰の力についてほとんど触れていない印象で、底が浅く、物足りない感じがした」と言っていました。冒頭で触れた、アメリカでのカウンセリングの普及は、宗教の衰退を感じさせるものですが、データ信仰的なる心理学も、プラグマティックな面が強いアメリカ的なるものであるとともに、「神なき心理学」の現れのようにも見えます。

第二は、アメリカの文化の底、歴史が浅いところからきているのではないか、と思える点です。

日本であれば、前述の実験のなかには、データを取るまでもなく多くの人が察知し得るものも結構あります。それは、対人関係に関する智慧が文化的遺産として蓄積され、伝承されているからでもあるでしょう。

つまり、実験データによる分析は、一見科学的で先端的に思えるのですが、実は、心理学という学問において宗教や信仰の力が見失われていることや、文化の厚みがない面が影響しているのではないでしょうか。もし、そうだとしたら、これが果して思想的に進んでいることなのかどうかは、何とも言えないものがあります。
アメリカの大学教育を見てきた学生たちがおしなべて「底が浅い」と実感したことは、神なき心理学、神なき学問の限界を示していると感じるのです。

「成功のカーナビ」を手に入れる「成功の心理学」

幸福の科学教学における「成功の心理学」について、『「成功の心理学」講義』には、次のように説かれています。

世の中にはいろいろな職業があり、いろいろな学問領域がありますが、それが何であるかにかかわらず、こうした、「成功の心理学」という名の〝カーナビ〟

を身につけることによって、人生を生き渡《わた》っていくことができるのではないかと思います。

（『「成功の心理学」講義』一七ページ‐一八ページ）

つまり、「成功の法則」をつかんだら、成功へのカーナビが設置されたのと同じであり、人は必ず目的地に向かって進んでいくということなのです。
そのポイントとなる部分を、同書から、四つ挙げておきたいと思います。

i．心の力：「その人間の持っている考え方が、その人の人生を引っ張っていく」という思いの力、考えの力を信じること。
ii．努力：目標への熱意、努力とその継続による智慧の獲得。
iii．利他：自分の成功を、他の方々におすそ分けしようと思う利他の心や「惜福、分福、植福」の実践。
iv．常勝思考：失敗や挫折からも学び、あらゆる事象を成功の種としていく（だからこそ「百戦百勝」〈常勝思考〉が可能になる）。

こうした考え方は、唯物論的な見方だけでは理解できないものです。目には見えない力や人間心を超えた大いなる働きを知らなければ、心の力は発揮できません。さらに、人間が永遠の生命をもって魂の向上を目指していることを知らなければ、努力することの意味もわからないでしょう。あるいは、神の愛を知らなければ、利他の心もわかりませんし、人間が転生輪廻していることを知らなければ、失敗から何度も立ち直ることができることの意味も理解できないのではないでしょうか。

さらに『「成功の心理学」講義』あとがきには、このように説かれています。

「成功の心理学」は確実に学ぶことができるし、経験を通して「智慧《ちえ》」に成長させていくことができる。

（同書、あとがき）

幸福の科学教学が教える「成功の心理学」とは、外面的な結果だけではなく、智慧の獲得による「心の発展」も重視した成功なのです。この智慧が、この世の苦難困難を破砕し、力強く人生を前進させていくスクリューとなり、あの世へも、その人の魂の糧《かて》として持って還ることができる、幸福の元手となるのです。

その意味でも、個々人の自助努力の精神は欠かせないものです。

「心理学」という学問の限界とは

現在の学問は、信仰心を排除する傾向にありますが、信仰を排除しているからこそ、「不幸の心理学」になっている面があるように思います。

なぜなら、「幸福」とは、実は「神」「仏」の別名でもあるからです。

『神理文明の流転《るてん》』には、このように説かれています。

神の定義には、神とは幸福そのものであり、幸福を生み出す親であるという観点があります。そして、私たちはそこから分かれてきた子であり、孫であるわけです。私たちは幸福という名の神から生まれてきているのです。

神のお心のなかには大いなる愛があります。その愛がもたらすものこそ、実は幸福に他ならないのです。愛は幸福の卵です。私たちは、そのような愛の世界、幸福の世界に生きているのであり、私たちの親である神も幸福の源泉であり、幸福の材料でもあるということです。

（傍線筆者。『神理文明の流転』七三 - 七四ページ）

神が幸福の源泉なのですから、信仰心から出発しなければ、そもそも人間のほんとうの幸福は実現できないのです。すなわち、神なき心理学や神なき心理療法では、根本的に心の病を克服し、幸福を獲得することはできないのです。

大川総裁は、『「ユング心理学」を宗教分析する』のなかで、心理学の限界について、このように説かれています。

私の結論は、宗教、少なくとも先進宗教としての幸福の科学のほうが、学問としての心理学よりも明確に進んでいるということだ。あいまいな抽象言語で、世界観をファジーにしてしまうようなところがない。しかも、憑依霊《ひょういれい》であれ、天使であれ、霊界からの働きかけを隠さずに認めて対策を立てていこうとしている点は、圧倒的に進歩していると思う。

（『「ユング心理学」を宗教分析する』あとがき）

幸福の科学の教えは、現代的「信仰」のあり方や、現代の学問、科学では見いだせない神仏、霊界の存在を学ぶことができるものです。それは二七〇〇冊を超える経典《きょうてん》の存在が実証しております。すなわち、「心理学の教科書に書かれていないことは、すべて当会（幸福の科学）の著作を精読することによって解決する」のです（※14）。

大川総裁が説かれる至宝の仏法真理は、国籍、民族、人種を超えて、すべての現代の人びとの心を救う普遍性、世界性を持っています。さらに、未来文明の源流と

※14　『「ユング心理学」を宗教分析する』あとがき

なって、後世の人びとの心を救う未来性をも有しているものです。

　幸福の科学教学ではこのように、現代の学問の限界を超えた真実なる仏法真理を学ぶことができます。その意味で、幸福の科学の先進宗教性や、幸福の科学教学の先進学問性を伝え、もっと多くの人に、この〝事実の確認〟をしていただきたいと、心から願います。


（付記）本章で紹介した心理学者、フロイト、ユング、アドラーについては、それぞれの魂の境涯に違いがあることが、幸福の科学の霊査によって明らかにされている。

　フロイトは、自らの思想的な間違いによって「あの世の地獄界（無間地獄《むけんじごく》と色情地獄《しきじょうじごく》を合わせたような場所）の住人となっている」（『フロイトの霊言』あとがき）ことが判明している。

　ユングは、天上界の高級霊界におり、「私は、弘法大師空海の生まれ変わりだと思います」（『「ユング心理学」を宗教分析する』一四八ページ）と霊言で語っている。大川隆法総裁は、ユングの地上での仕事について、『夢判断』のあとがきで、「ユングなどは、明らかに霊能者であり、本来なら、一つの宗教を興《おこ》すような方であったのに、『学問』の色彩にまどわせた点は残念である」と述べられている。

【脚注】

（注）もちろん、プロの宗教家の場合には、もっと隙のない心構えが説法の場面で求められることがある。その宗教の信仰や教えに敵愾《てきがい》心をもって、意図的に妨害をかけてくることもあるからだ。優しく、あるいはたんたんと話すのみならず、場合によっては相手の無明を晴らす論破や切り返し、その人に憑《つ》いている悪霊・悪魔を撃退するための強い言葉の力が求められる。

第6章

学問は、宗教を切り離すべきか？

QUESTION 6

現代の学問の主流は唯物論や無神論になっているため、「『霊言』は学問とは言えない」とか、宗教のなかにある神秘思想を「合理性がなく科学的ではない」と言って、学問から排除する傾向があります。

たとえば、私の友人が通っていたある大学の医学部の話として聞いたのですが、その授業のなかで、教授が「私は神が存在しないということを証明することに情熱を持っている」というようなことを熱っぽく語っていたそうです。

幼少期から信仰心を持つ家庭で育ってきたその友人は、それを聞いて、一種の洗脳のように感じたようです。「それをどう受け取るかは自由」ということで、価値中立だと考えているのかもしれませんが。

私も神の存在を強く信じていますので、何とか宗教と学問の対立的構造が解消されて、教育の現場から宗教差別がなくなり、安心して学べるようになって欲しいと願っています。それがほんとうの意味での「学問の自由」であるはずです。

偏った教育を受けている多くの人たちの誤解を解いて、学問にとって宗教が必要であることを理解してもらうには、どのように伝えたらよいでしょうか。

発表当時は非常にあやしげだった、ダーウィンの「進化論」

そのご友人が体験したような話は、私も複数聞いたことがあります。宗教と学問の対立に関連して、こんなエピソードがあります。

それは、一八六〇年、オックスフォード大学で、司教とハクスリーという学者が七百人の聴衆を前にして行った公開討論です。ダーウィンの「進化論」の内容を巡るものでした。司教側は、もちろん「進化論」を猛烈《もうれつ》に否定します。ハクスリーは、ダーウィンに賛同している科学者ですから、司教に反論しつつ進化論を擁護《ようご》する立場です。

司教は『聖書』の「創世記」に基づいて、「種」は神によって創造されたものであるから永遠に固定化されたものであり、「進化を考えることは無意味である。カワラバトは昔からカワラバトだったのだ」と主張します。当時はこれが一般的な理解であったようですし、学界でも種の永遠性は広く信じられていました。

続けて、司教は「あなたは祖先がサルだと主張されるわけだが、それは父方ですか、それとも母方なのですか？」とハクスリーに尋ねます。これを聞いて会場は哄《こう》笑《しょう》の嵐に包まれます（哄笑はハクスリーに対してです）。

このなかでハクスリーは、こう反駁《はんばく》しました。

「私はサルを先祖にもつことを恥ずかしいとは思わないが、無知な司教の血を引いていると思うと恥ずかしい！」

すると、聴衆は騒然となり、一人のご婦人は卒倒したそうです。（※1）

この挿話《そうわ》は、かなり脚色の入ったものであり、事実とは異なるようですが、科学対宗教の対立を示し、科学が勝利したことを印象づけた例として有名です。（※2）

さて、ここで話題となった「進化論」は、ご存知の通り、ダーウィンの代表的著作『種の起源』として発表され、注目を集めます。それは、当時の常識を揺るがす

※1　アーノルド・C・ブラックマン著『ダーウィンに消された男』pp.256-257、エイドリアン・デズモンド＋ジェイムズ・ムーア著『ダーウィンⅡ』pp.708-717

※2　ピーター・J・ボウラー著『チャールズ・ダーウィン　生涯・学説・その影響』p.185参照。

内容でもあったからです。

ダーウィンは長年の友人に宛てた一八四四年六月八日付けの手紙で、ついに光明が見え、当初の意見とはまったく反対に、種が不変ではないとほぼ確信するに至ったこと、それが殺人を告白するような気持であったという主旨のことを書いています。

ここでいう〝殺人〟とは、神を殺したという意味にも取れます。つまり、神によって天地が創造されたという「創世記」の内容を否定するものだったのです。（※３）

人間をはじめとした生物が生存してきた理由は、神による創造ではなく、「自然淘汰《とうた》」（自然選択）によって環境に適応したものが生き残る「適者生存」による――ということが、ダーウィンが『種の起源』を通して述べたことです。種は変遷《へんせん》し、環境に適するかたちで多種多様に分岐《ぶんき》してきた（分岐の原理）とする主張は、アメーバから進化してサルにまで至り、そこからさらに進化したものが人間であるという、今日《こんにち》ではよく知られたものです。つまり、ダーウィンの学説は、おもに唯物論によって成り立っているものなのです。

※３　アーノルド・C・ブラックマン著『ダーウィンに消された男』p.20参照。エイドリアン・デズモンド＋ジェイムズ・ムーア著『ダーウィンⅠ』p.416参照。

「宗教」対「進化論」について考える

ご質問にもあった通り、現在の学問の主流は「唯物論」です。そして、「学問の唯物論化」に大きな影響を与えているものの一つが、この「ダーウィンの進化論」です。その意味で、宗教と学問について考えるには、「宗教」と「進化論」の対立をどのように解消していくかを考えることが、根本命題であるように思います。

大川隆法総裁は、『進化論―150年後の真実』のまえがきで、次のように述べられています。

「宗教」対「進化論」の対立は、十九世紀から二十世紀にかけて、世界を二極化する大きな対立構造となった。（中略）ダーウィンの「唯物論的進化論」は、マルクスを狂喜させ、政治経済面で共産主義・社会主義となって、全地球を侵《しん》食《しょく》した。またニーチェをして「神は死んだ」と叫ばせ、神に代わる超人としての「ヒトラー」をも出現させた。

（『進化論―１５０年後の真実』まえがき）

幸福の科学教学では、ダーウィンや、進化論そのものをすべて否定しているわけではありません（注）。ダーウィン自身は、偽善的な人ではありませんし、神の存在そのものを否定したわけでもありません（※4）。また、生物的側面で、彼の言う自然淘汰による「絶滅の原理」や「分岐の原理」があてはまるものもあるでしょう。同書にも書かれていますが、キリスト教神学、キリスト教会と学問を切り離すことで、自然科学の学問が発展したという「功の面」もあります。

しかし、それでも人類に対する「罪の面」は大きいものです。たとえば、唯物論や無神論が世界に浸透するのを後押ししてしまいました。さらに、「『ダーウィンの進化論』と『マルクスの唯物論《ゆいぶつろん》』が〝合作《がっさく》〟になって」唯物論的科学が進み、政治・経済面では、旧ソ連・中国のような唯物論国家の誕生や、「唯脳論」などの唯物論医学にもつながっていった面もあります。（※5）

※4　『黄金の法』第２章、『青銅の法』第３章参照。
※5　『本当に心は脳の作用か？』p.27 参照。

『進化論─150年後の真実』のまえがきに「ダーウィンの『唯物論的進化論』は、マルクスを狂喜させ」と記されていますが、実際にマルクスは、ダーウィンの進化論に心酔していた面があったようです。

マルクスの友人は、ハクスリーがダーウィンの進化論について解説した講演にマルクスが参加したとき、その内容について「何か月もそのことばかり喋っていた」と言っています。また、一八七三年に、「心からの崇拝者」と書き添えて自身の主著『資本論』をダーウィンに送っています。

もっともダーウィンのほうは、あまり快く思っていなかったようです。マルクスの思想に、学問の自由を奪う面があることを見て取って、一線を画したのだと思います。送られた『資本論』も、八二二ページのうち、一〇五ページまでしか読んだ形跡がないと言われています(残りのページには、ナイフが入れられていなかった)。(※6)

※6　松永俊男著『ダーウィンをめぐる人々』p.213 参照。
当時の本は、紙を折りたたんだ状態で製本し前小口側を裁断していなかったため、袋とじ状になったページをペーパーナイフで1ページずつ開けて読んでいた。

「進化論」が人種差別を生み出した？

また、「進化論」によって、「人種差別が生み出された」とも言われています。リチャード・ホフスタッターという学者が、一九四四年に発刊した『アメリカ思想における社会ダーウィニズム』のなかで指摘しているそうです。（※7）

本書で何度かご紹介している渡部昇一氏は、進化論によって、人間にも進化の段階があるという考え方が、白人社会に都合よく利用されたと言います。

もちろん、ダーウィン自身はここまで言っていないのですが、進化論においては、チンパンジーから黒色、赤色、茶色、黄色、白色人種へと人間は進化していくとするので、これを利用して「白人が一番進化した人間である」という考え方がつくられたようです。

実は、このような考え方は、進化論が出る以前にはなかったとも言われています。人間に違いがあることは知っていても、有色人種を進化論的に見下すことはなかっ

※7　アーノルド・C・ブラックマン著『ダーウィンに消された男』p.339

たのに、進化論登場以降、〝科学的に〟人間を見下す考え方が広まり、有色人種は、進化が遅れている動物レベルと捉《とら》えられるようになったというわけです。

これが、十九世紀後半以降の帝国主義的植民地政策のベースとなり、徹底した軽蔑と奴隷《どれい》化のような「残虐な支配」になってしまった、と渡部氏は説明しました。(※8)

人種差別や白人優位説を考える際に、もう一つの見方があると、私は考えています。それは、進化論の影響を受けて現れてきた宗教学、すなわち、タイラー、フレイザー、デュルケムらによる「原始宗教」の研究が、ダーウィンの進化論と結びついて、「宗教はアニミズム→多神教→一神教の順に進化する」という、〝宗教進化論〟を補強することとなったのではないかという点です。

これは、白人であり一神教を持つキリスト教徒こそ優れており、他の民族を劣等な民族と考えて、平気で侮蔑するような、人種差別、白人優位思想を合理化していた面があるのではないかと思います。

このように見てみると、十九世紀から二十世紀にかけて、世界を二極化する大きな二重の対立構造が見えてきます。

※8　渡部昇一著『人は老いて死に、肉体は滅びても、魂は存在するのか？』p.106、渡部昇一著『「日本の世紀」の読み方』p.16 参照。

第一は、神を信じる国と無神論国家の対立（米ソの冷戦。現在は、米日などの自由主義国 対 中国などの無神論・共産主義国）です。第二は、人種差別、すなわち白人と有色人種の対立です。この人種差別が人種間の憎しみを生んだことを、大川総裁は、二〇一八年九月に行われたドイツ講演のなかで、このように語られています。

第二次世界大戦は「人種差別」と深く関係しています。この戦争の後、インドがイギリスから独立し、アジアの他の国々も植民地から脱しました。さらにはご存じの通り、南アフリカのネルソン・マンデラが１９９４年に同国の大統領になりました。この時、黒人が大統領になったわけです。その次が、ご存じの通り、アメリカのバラク・オバマ大統領です。

ですから、20世紀は「戦争の世紀」ですが、別の意味では「人種間の憎しみの世紀」でもありました。

（『Love for the Future』三三 - 三五ページ）

まさに、この二つの対立は、その後の世界の混乱の大きな要因となったと言えます。

したがって、私たちが検討しなくてはならないことは、肌の色、人種など、肉体上の唯物的な情報による学問ではなく、もう一度、神仏を出発点とした学問、人間の霊性、神性の尊厳を出発点とした学問を打ち立てることではないでしょうか。

そもそも学問の原点には「神への信仰」と「神秘思想」があった

今、私は、「もう一度」と書きました。それは、そもそも「学問の祖」と言われるソクラテス自身が、神や魂の永遠性を信じ、それに基づいて生きた人だからです。

ソクラテスは生前、哲学するとは「よく生きること」であり、「死の練習」であると言っています。ソクラテスのこの有名な言葉のなかに、宗教と学問の接点が明確にあります。

現在、霊天上界にいるソクラテスは現代人に向け、その真意を、次のように語っています。

ソクラテス　ただ、私は、「ただ生きるより、よく生きなさい」といったことを言って死んでいった。「ただ生きることが大事なのではない。よく生きることが大事なのだ」と。

私にとって「よく生きる」とは、まあ、「毒杯《どくはい》を飲んで死ぬこと」であったわけだけれども、それが「よく生きること」であった。

その「よく生きる」とは何であるかというと、「自分が『正しい』と思うことを曲げない」ということが、よく生きることであり、「自分の信念や信条、考え等を曲げてでも、この世の肉体の快楽や延命を図《はか》ったり、家族の幸福を図ったりする」ということを、よく生きることとは私は思わなかった。

（『ソクラテスの幸福論』六八 - 六九ページ）

ソクラテス　（中略）「あなたは、今日死んだとしても、『今までの人生を完全に燃焼した』と言えるか。『今日一日、十分に使い尽《つ》くせた』と言えるか」

ということです。

それを「死の練習」と言っているわけで、「死んであの世に還《かえ》ったとして、今回の生き方を振《ふ》り返ったとしたときに、どうですか。それで何か直すべきところ、やり直すべきところが悔いとして残るなら、それを残さないように、今、この世で生活している間にやりなさいよ」ということですよね。（中略）

「死の練習」、すなわち、「死んだとして、どうだ」ということを自分に問い続けるということ、それが結局、真理を求めた生き方になるわけなんですよ。「『死んだあと、どうなるか』ということを、今、知りながら、考えながら歩むこと。それが、『哲学をする』ということなんだ」という。

（傍線筆者。『ソクラテス「学問とは何か」を語る』一四六 - 一四八ページ）

これらの霊言の内容は、プラトンが遺しているソクラテスの姿とまったく同じです。

そもそも学問とは、「真理の探究」であるはずです。ソクラテスは哲学を通じて真理を求め、この世にあっても霊的自己を見失わずに生きることを目指していたわけです。これは、宗教的生き方とほとんど同じではないでしょうか。

ソクラテスがこういう生き方をしていたのは、神から託された使命を実現するためでした。また、ソクラテスが神を信じ、自らの守護霊・ダイモンの導きにしたがって生きた人であることは、プラトンが遺した数々の著作に描かれている通りです。だから、そもそも信仰や霊的なものを否定しては、ソクラテスの哲学は成り立たないし、その人生もないのです。

これが、学問の祖の姿です。つまり、神への信仰、霊的生き方が学問の出発点にあったのは明らかです。

したがって、真の学問は宗教を切り離すべきではありません。むしろソクラテスの精神に戻って、切り離してしまった宗教と一体になっていく必要があります。

近代の学問の流れから考える、「宗教」と「学問」のあり方

もう一つ、学問の流れの大きな分岐点とも言える「近代」、一七世紀前後の流れのなかにも、宗教と学問の関係を考えるヒントがあると思います。それは、一七世紀前後から活発化したスピリチュアリズムです。たとえば、大川総裁が一九九〇年に行われた上級セミナーでの法話「『スウェーデンボルグ霊示集』講義」のなかにも宗教と学問の関係を考えるヒントがあります。（図解①参照）

◇一七世紀前後から、神の教えを専門分化する動きがあり、大きく三つぐらいの分かれ方をしている。

i．科学思想と医療系統の学問

ii．デカルト、カント、ヘーゲルの近代哲学

iii．スウェーデンボルグの心霊思想

それぞれの専門分野のなかで、神の考えられたしくみ、教えを近現代人にわからせる動きが始まった。

（大川隆法総裁法話「『スウェーデンボルグ霊示集』講義」参考）

この三つ目の流れに「心霊思想」の普及があります。現在、学問は霊的なものを否定する傾向が強いですが、天上界の計画では、本来、スピリチュアルな心霊思想も、このように、学問の大きな潮流として用意されていたものなのです。

スピリチュアリズムは一八〇〇年代から本格的な動きが出てきますが、一方、マルクスやダーウィンの働きにより「唯物論」が本格的に広まり始めました。両者の戦いも開始されたのです。（図解②参照）

天上界は、霊能者を地上に送り、人びとに霊現象を目撃させるなど、計画的に霊的存在を証明してきました。この流れのなかに、現在の幸福の科学の運動がありま す。つまり、幸福の科学による霊性革命には、一五〇〇年間におよぶ下準備があったということなのです。

この「スピリチュアリズム」運動の流れを見ると、天上界の強い意志、すなわち、この世の人びとを無神論、唯物論などの間違った思想から守ろうとする強い熱意を感じざるを得ません。

たとえば、「物理的な霊現象」としては、ラップ現象から始まって、空中浮揚《ふよう》、物質化現象、霊言現象、自動書記現象などありとあらゆる現象が起きています（※9）。霊媒のD・D・ホームが、地面から七十フィートも浮揚して、建物の一つの窓から出て別窓から入ってみせたという驚異的な現象も報告されています（※10）。

※9　A．R．ウォーレス著『心霊と進化と』pp.219-223 参照。
※10　コナン・ドイル著『コナン・ドイルの心霊学』p.40 参照。

図解①

17 世紀前後から、神の教えを専門分化する動きがあり、大きくは以下の三つぐらいの分かれ方をしている。

1	**科学思想と医療系統の学問**
2	**デカルト、カント、ヘーゲルの近代哲学**
3	**スウェーデンボルグの心霊思想**

図解②

マルクス等の唯物主義

VS

スピリチュアリズム

- 19世紀から20世紀のはじめにかけて、有名な霊能者だけでも100人以上を地上に送り込んだ。
- 大きな三段階の文明実験を行った。

第一段階	**物理的な霊現象（物質化現象）**
第二段階	**自動書記、霊言現象による霊界思想の普及**
第三段階	**心霊治療**

- これらは、幸福の科学の運動への地ならしであった。

（『神秘の法』第3章「霊界通信の原理」参照。）

極めつきの物質化現は、ケティ・キングという女性の霊が、心霊研究者の前で霊媒を通して物質化して現れた事例でしょう。当時の写真も残っています。

このような霊現象は、たとえば、アルフレッド・ウォーレス（博物学者）、ウィリアム・クルックス（物理学者）、コナン・ドイル（作家）、ウィリアム・ジェームズ（心理学者）、アンリ・ベルクソン（哲学者）らの、当時の一級の知識人たちによって真剣に研究されていました。

その一人であるウォーレスは、実は、進化論の生みの親でもあります。彼はダーウィンより先に種の永遠性を否定し、種が変化して、多種多様に分岐していることを理論的に証明した論文を書いています。

ダーウィンも、種の変化についての研究をまとめようとしていたのですが、執筆が滞っていました。しかし、ウォーレスの論文は、自身が長年考えてきた内容を要約したようなものであり、それを読んだダーウィンは、慌てて同時に提出したかたちにして発表したのです。

その後、ウォーレスの考え方を取り入れてダーウィンが自著として発表したものが『種の起源』です。学問の世界では、最初に論文を書いた人が発見者なので、簡単に言えば、ダーウィンはそれを横取りしてしまったという見方もできるでしょう。ダーウィンは一生、このことに自責の念を抱いていたとも言われています。

ウォーレスはダーウィンとは違い、唯物論者ではなく、積極的に交霊会を開き、霊的現象の真実性を訴えた人です。その結果、学会の傍流《ぼうりゅう》に追いやられていきます。しかし、「事実というものは頑固である、どうしようもないものである」といって、真実は真実と訴え続けました。（※11）

ウォーレスは、ダーウィンの進化論には無理があることを指摘していました。冒頭で触れましたが、ダーウィンの説の特徴は、人類の進化をアメーバから徐々に進化して、その進化過程はすべてつながっているという、唯物論と漸進的進化を前提とする主張です。

これに対しウォーレスは、後年、神や霊存在を前提としつつ、動物と人間には飛躍的な違いがあり、サルなどの哺乳類から人間への進化は成り立たないとしていました。

※11　A．R．ウォーレス著『心霊と進化と』p.4

ダーウィンの進化論は、類人猿から猿人、原人を経て人間へと進化し、それらの間はずっと続いていなければならないという考え方ですが、中間の猿人という存在を示す過去の痕跡（骨など）や存在そのものは、当時も現在も見つかっていません。「動物」から「人間」の進化の間が抜けており、これをミッシングリンクと言います。

ダーウィンの死後、ウォーレスが九〇歳のときのできごとですが、学会で注目されていたそのミッシングリンクの部分が発見され、「ダーウィンの進化論が事実であった」とする報道が注目を集めました。

当時、ウォーレスただ一人が、この報道に対して、その骨が猿人のものではないことを主張し続けたと言います。事実、しばらくして、このピルトダウン人とする猿人の骨は捏造であったことが明らかになりました。これは、「ピルトダウン人事件」と言われているものです。（※12）

幸福の科学の高級霊による「霊言現象」の意味

※12　渡部昇一著『人は老いて死に、肉体は滅びても、魂は存在するのか？』pp.138-140 参照。

このように、唯物論の伝播《でんぱ》と同時に、それを食い止め、打ち破るために、心霊科学を擁護《ようご》する涙ぐましい知識人たちの努力がありました。

幸福の科学の霊的現象の中心には何があるかというと、「霊言現象」です。繰り返しにはなりますが、二〇二〇年現在、公開霊言は千百回以上行われ、そのうち五七五書以上が書籍化され、一般公開されています。そのなかには、多くの方がご存知のように、歴史上の偉人や天才・神と言われる方が、大川総裁を通して、現代に生きる私たちに直接メッセージをくださっているものが数多くあります。

この「頑固な事実」について、宗教と学問の関係から考えると、結局こういうことでしょう。

もし、過去の天才、偉人たちが今、直接、大学の教室で講義を行うとなったら、間違いなく会場に人が入り切らないはずですし、その学校の学生だけでなく世界各地から多くの人が殺到するはずです。その講演料には値段もつけられないでしょう。（※13）

その意味で、「あの世の天才たちの講義を直接受けている」幸福の科学の霊言現

※13　大川隆法総裁法話「『ニュートン霊示集』講義」参照。

象は、超一級の授業なのです。

大川総裁は、この価値の意味を、マックス・ウェーバーの霊言を例に、次のように説明されています。


「霊言を使うと、学問性がない」という言い方もありますし、そう言われても構わないのですが、私は、「一定の学問性がないわけではない」と思っています。

古い学問が現代にそのまま通用しなくなっている時点でも、そうした霊人《れいじん》が天上界《てんじょうかい》に今も生きているのです。もちろん、こちらは実感として持っていても、持っていない方もいるので、そこが問題なのかもしれません。

しかし、もし、マックス・ウェーバーのような百年前の大学者が、現在ただいまの世界を知りつつ、今の社会学、あるいは、学問や宗教について教えを述べたら、どうなるでしょうか。また、それを学ぶことができるとしたら、どうでしょうか。今の大学が、もし、マックス・ウェーバーを招聘《しょうへい》して、一回の授業をしてもらうとしたら、どれくらいのお金を出さなくてはいけないかを考えると、やはり、通常の評論家程度の額では許してくれないのではないかと思われます。評論家でも、高ければ一時間で五十万円や百万円もする方がいらっしゃいますが、そんなものでは済まないでしょう。

（『マックス・ウェーバー「職業としての学問」「職業としての政治」を語る』四三 - 四四ページ）

また、クリスチャンであり、元東大総長の矢内原忠雄《やないはらただお》も霊言において、次のように主張されています。

矢内原忠雄　（中略）私は、霊言そのものもちゃんと学問性はあると思いますよ。地上にいる人よりも優《すぐ》れた方々の教えが入ってるわけですから。

私はたまたま矢内原として、今覚えてる方も少しはいらっしゃいますけれども、「東大総長をした方があの世に還《かえ》って、復活されて講義をする」と。キリスト教的には、これはあってもいいことで、おかしいことではありません。

しかし、それを「生前、学者であって東大の総長もやった方は死んであの世に還ったら、言うことには学問性がない」っていうことになったら、私のほうは認めるわけにはいかないし、それを信じる人たちにとっても、学問性がないと認めることは相成《あいな》らんでしょうなあ。「この世で学問性があったくらいなら、あの世へ行けば、さらに磨《みが》きがかかって本物の学問になっている」と言うべきだと思うので。

(『矢内原忠雄「信仰・言論弾圧・大学教育」を語る』三七 - 三八ページ)

さらに、幸福の科学教学においては、その根幹に、「法シリーズ」や大川総裁の説法を中心に編纂《へんさん》された仏法真理の理論書(法理論)があります。霊言は参考書に位置づけられています。なぜなら、これらの理論書は、多様な宗教思想や高度な学問性があると言われる高級霊の霊言をも包括する高さ・深さ・広さを有しているからです。

この法理論を通して、霊的体験ができない人でも、本来であれば理解しづらい神

秘的思想や霊界現象も、理知的に学習できるようになっています。（※14、注）

高度な宗教性と学問性を統合している「幸福の科学 大学シリーズ」の凄さ

ご質問にもあったように、近代以降、とくに西洋では、キリスト教神学、キリスト教会の教条主義（ドグマ）から逃れて「学問の自由」を獲得する動きが出てきました。ここで、本来は一体であった宗教と学問が大きく分離していき、その結果、物理的な進歩・発展も促しましたが、そこから「人間の知の驕《おご》り」も出てきました。このなかで、宗教と学問を適切な関係にしていくために必要なことが二点挙げられます。

第一は、宗教の側の「寛容さ」の実現です。つまり、学問や科学の進歩を止めず、その発展を受け入れる器をつくる努力です。伝統宗教の二千年、三千年前の教えで

※14　大川隆法総裁法話「『スウェーデンボルグ霊示集』講義」『はじめての信仰生活』『「幸福の科学教学」を学問的に分析する』参照。

は、残念ながら時代が違い過ぎて現代の科学や学問までカバーできず、それが、両者が融合できない原因になっています。その意味では、現代の発展に釣り合う思想の出現が、時代的要請なのだと思います。

　幸福の科学の思想は、学問や科学に対する誠実な批判的態度を持ち、一定の理解を持っていることはご存じの通りです。そして、それらの思想をはるかに凌《りょう》駕《が》して、未来まで見通した内容が説かれています。

　たとえば、「幸福の科学 大学シリーズ」では、大川総裁が説かれる法理論によって、歴史のなかで蓄積されてきたものから現代に到る学問、思想が正面から検証されています。

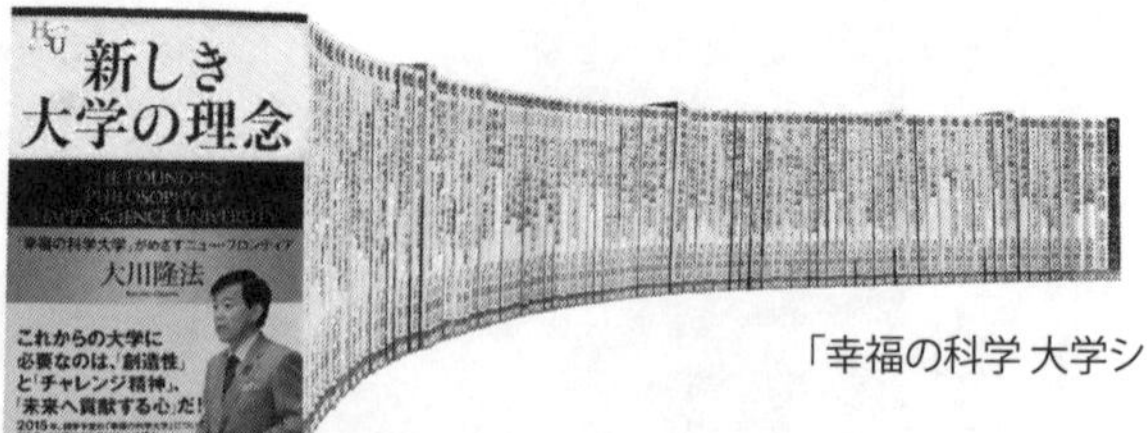

「幸福の科学 大学シリーズ」

「ＨＳＵテキストシリーズ」

しかもその結果、透明な鏡に映し出されるように、比較された側の既存の宗教思想や学問思想の真相、欠点などが浮かび上がってしまっています。

通常の宗教において、過去の学問から現代の最先端の思想と教義を比較するなどということは、あまりなされません。どちらかというと、「他の教えや思想を学んではいけない」という場合のほうが多いのではないでしょうか。

それは、こうした比較をしたならば、学問側ではなく宗教の教義のほうがもたず、崩れていくことのほうがほとんどだからです。この点でも、「幸福の科学　大学シリーズ」は、これまでの宗教としてはあり得なかった、恐るべき内容と言えます。

これを見れば、高度な宗教性と学問性を融合しているのが、幸福の科学教学である、と言えるのではないでしょうか。その意味で、幸福の科学で勉強するということは、「地上最高の教育を受けているということなのだ」と、私は強く感じるのです。

さらに、大川総裁の説かれる教えが、現代思想との融合を超えて諸学を統合し、新しい学問の源流になろうとしていることが理解できると思います。

また、こうした宗教の寛容さの実現には、一人ひとりの信仰者たちにも、狭い教条主義に陥《おちい》らないための日々の努力が要請されると思います。さまざまな思想やできごとを受け入れられるかは、それらを「理解できるかどうか」にかかっています。その力は、「知力」であり、「教養」の大きさによるものです。

したがって、信仰者の持つべき態度とは、学習し続ける個人、学習し続ける組織であることを自戒し、努力していくことではないでしょうか。幸福の科学の信者、および教団においても、こうした方向で日々の修行や活動がなされているわけです。

膨大な「信」の世界を、論理的に説明することが学問の本来のミッション

第二は、学問の側の「無知の自覚」が大切だと思います。

神仏の存在や神秘性を無視した近現代の科学技術の発展は、「知の驕り」をますます助長していますし、人間が神に成り代われるような気になっている面があります。本章で例に出したダーウィンも、自ら霊言で語っていましたが、自身の著書『種

の起源』がほんとうの「創世記」であり、イエスや旧約の神ヤハウェを超えたと考えていたようです。つまり、自分が神に成り代わったような驕りがあったのです。（※15）

ソクラテスは、かつてギリシャでソフィストたちと対話したときのように、霊言でも、そうした人間の驕りが、真理を知らない無知によるものであることを語っております。

ソクラテス　（中略）ある意味においては、学問とは「産婆術《さんばじゅつ》」でもあるわけで、まあ、哲学《てつがく》とも同義かと思いますけれども、哲学っていうのは、哲学自体というプロセスがあるんじゃない。母親が赤ん坊《ぼう》を産むときに、産婆がそれをお手伝いする。本来、自分で産み落とす力はあるんだけれども、それを介添《かいぞ》えして、手伝って、産湯《うぶゆ》を使わせて、取り上げる。このお手伝いをするところが、「学問の機能」だと思うんですね。

赤ん坊そのものは、学問をつくることはできないんですよ。それは、つくる

※15　『進化論―150年後の真実』pp.76-82参照。

ものではなくて、存在しているものなんです。もうすでに、この宇宙に存在している真理を、どのようにして発見するかということなんですね。（中略）

われわれの考えは、「学問っていうのは、もともと、神様が創られた世界の真理を明らかにすることだ」というものです。これが学問の定義です。「神様が創られた世界の真理を明らかにすることが学問である」ということです。

この地上においては、いろいろな被《かぶ》り物や覆《おお》い物があって、あるいは、砂や埃《ほこり》にまみれたり、布きれで巻《ま》かれたり、衣装《いしょう》を着ていたりして、いろいろな物で隠《かく》されていることが多いので、その覆いをどうやって取り除いていくか。そして、真実に到達《とうたつ》していくか。これが学問であるという考えですね。

（『ソクラテス「学問とは何か」を語る』二六 - 二八ページ）

学問の機能は「産婆役」であり、真理そのものはつくれないということです。神様がすでに創られた世界を発見し、説明することが学問であるとは、「信の世界」が先にあって、「知」よりもはるかに大きい世界であるということを示しています。

すなわち、膨大な「信の世界」、神の世界、仏の世界を、わかりやすく論理的に説明することが「知」「学問」のミッションである——まず、この自覚から出発しなければならないのではないでしょうか。

宗教と学問のあるべき関係を築く「幸福の科学」の使命

「信」と「知」の関係について、大川総裁は次のように指摘されています。

分析的認識を超えた世界を広い意味で知ることが、実は信ずることなのです。信ずることを未開社会のものと考えるべきではありません。信ずるという行為は、人間の認識力において、知るという行為よりも大きな力を持っています。信ずることのできる世界のなかに、知ることのできる世界がある——そうした包含《ほうがん》関係になっているのです。

（『伝道論』一五二ページ）

そして、この「信の世界」がどれほど膨大《ぼうだい》であるかを具体的に示しているのが、幸福の科学の巨大な法体系であり、二七百書を超える大川総裁の経典群《きょうてん》です。

宗教と学問のあるべき関係は、大川総裁が説かれる教えそのものにはっきり示されています。したがって、それを学ぶ私たちが揺るぎない確信をもって、あらゆる人に伝えていくことが、宗教や学問の誤解を解く確実な方法だと思います。

（付記）ダーウィンは現在、地獄の最深部にある「無間地獄」におり、マルクス同様ある種の「隔離」がなされている（『黄金の法』『進化論―150年後の真実』参照）。間違った思想は伝染病のようなものであり、人類に大きな悪影響を与える可能性があるからだ。

大川総裁は、間違った思想の危険性について、「現代《げんだい》においては、唯物主義《ゆいぶつしゅぎ》という〝伝染病《でんせんびょう》〟が流行っています。これは心の病です。この病にかかると、永遠《えいえん》の生命《せいめい》に陰《かげ》りができます。本来の自己《じこ》の存在を否定するようなことになるからです」（『限りなく優しくあれ』二二‐二三ページ）と述べられている。
　また、ダーウィンの境遇について、「しかし、これは、『サタンにしないための慈悲《じひ》』なのでしょう。自由に活動させたら、もっとやるでしょうからね」と指摘している（『進化論―150年後の真実』一三九ページ）。

【脚注】

（注）『進化論――150年後の真実』には、進化論の霊的側面や、地球の枠を超えた進化論が存在することが、次のように説かれている。
　私も、「この地上における生物は、一切、変わっていない」と言っているわけではありません。「地上で適応していくうちに、いろいろと変化している」ということぐらいは分かっていますし、地球の生物のすべてを、「神が創ったもの」や「宇宙から来たもの」と思っているわけではありません。地球の環境に適応して、変化したり、いろいろと分か

れたりしてきたものはあるだろうと思います。

ただ、それに対して、やはり、高級霊界《れいかい》からの支援《しえん》等もあっただろうと考えている次第です。

当会は、「地球では、人霊や動物の創造もあったし、宇宙から来たものもいたけれども、それに進化論的要素も加わっているに違いない」と捉えています。

さらに、エイリアン（異星人）から地球の人間への転生《てんしょう》までもが教えに入ってきているので、当会における進化論の話は、もう地球の枠《わく》を超《こ》えていて、理系の人たちであってもギブアップでしょう。（『進化論――150年後の真実』三一 - 三二ページ）

あとがき

現代の学問は、学べば学ぶほど真理から遠ざかり、不幸の道を自ら選択していく人を製造しているようにも見えます。

たとえば、知識人や言論人のなかには、不可知論や無神論に陥《おちい》っていく方がいます。数多くの著作を出し、たくさんの勉強をし、知的活動をされたのに、あの世や霊の存在、そして神仏の存在について思考停止して、結局、「死んだらあとは何もないんだ」という「死生観」で納得する。そういう方々の人生観は、非常に暗いのです。勉強して、いき着く先がこれだとすれば、それは限りなく悲しいものです。

学ぶことは本来、人間の魂の進化・向上のためであり、幸福の増進のためでなければならないはずです。そのためには、「生と死」に対する真実の解答が必要です。それなくして、人生の意味を発見することができないからです。私には、現代の知識人が「生と死」を前に立ちすくみ、答えが出せず、踵《きびす》を返して逃げ出そうとしているように見えるのです。

「生と死」の真実の意味は、宗教や信仰を出発点としなければ決してわからないものです。そこで、私がそれを語るにはとうてい力不足であることを自覚しつつ、幸福の科学教学に基づいて、「宗教があってこその学問」である意味を、勇気を奮い起こしてまとめてみたのが本書です。

全世界で一千万部以上出ているという『サピエンス全史』（ユヴァル・ノア・ハラリ著）によると、人間は、他の動物と違い、言語能力を獲得し、ありもしない世界を語る能力を発揮して「虚構《きょこう》」を描き、そのなかを生きている存在だと言います。神話や伝説、宗教、あるいは国家や企業は、すべて虚構によってつくられたもので、そのフィクションを集団で共有して生きているというのです。

しかし、少なくとも、神話、伝説、宗教で語られる宗教的真理や、仏、神、天使の存在、そしてあの世は、実在のもので虚構ではありません。古来言われている「真理は永遠不滅であり不変である」ということが真実であるならば、真理以外のものこそ虚構であるということになります。

その意味では、本書全般で触れてきたように、宗教を迷信・狂信扱いしたり、あやしげなものとして排除、無視しようとしたりする学問や教育のあり方にも、同様の指摘ができると思います。すなわち、宗教的真理を見失った学問、永遠なるものの影を失った学問こそ虚構（フィクション）、幻想であるのです。

ＨＳＵの「宗教学概論」および本書の中軸にあるものは、大川隆法総裁の説かれる仏法真理、すなわち幸福の科学の各種経典です。

ＨＳＵで教え学ぶ私たちは、大川隆法総裁の説かれる教えが、全人類の心を普《あまね》く照らす「地球的仏法真理」であることを確信しています。この教えの下《もと》に、すべての諸学問、諸思想を統合することができ、さらに未来の学問の源流となることを信じております。なぜなら、この真理は、最後にして最大の救世主、最高の地球神、主エル・カンターレが説かれる「永遠の法」であるからです。

大川隆法総裁の説かれる仏法真理のなかに、すべての答えがあるのです。本書を一つの入り口として、幸福の科学の経典を学んでいただくことを、心より祈念しております。

本書を編《あ》むにあたり、HSU出版会のみなさまや、伊藤淳先生、金谷昭先生、千田要一先生、木村貴好先生には、学問全般およびご専門の分野（哲学・仏教学・心理学・生物学）の見地から貴重なアドバイスをいただきました。

また、本書の内容は、授業でともに学び合ったHSUの学生たちの力なくしては、成り立ちませんでした。この場を借りて、お力をお貸しくださった数多くのみなさまに、心より感謝申し上げます。

そして、人類の灯台として、HSUという日本の最高学府となる学び舎《や》を創立していただいた永遠の師・主エル・カンターレ、大川隆法総裁に心の底より感謝申し上げます。

「新しい時代精神」を巻き起こす真の大学教育の実現に向け、これからも、私たちHSUの教職員と学生が力を合わせて、努力していく次第です。

二〇二〇年　九月二九日

ハッピー・サイエンス・ユニバーシティ　人間幸福学部プロフェッサー　金子一之

『なぜ宗教が必要か』主要参考文献

第1章

大川隆法著『人生の王道を語る』幸福の科学出版
大川隆法著『フランクリー・スピーキング』幸福の科学出版
大川隆法著『幸福の科学の十大原理（下巻）』幸福の科学出版
大川隆法著『ハマトンの霊言　現代に知的生活は成り立つか』幸福の科学出版
大川隆法著『大川総裁の読書力』幸福の科学出版
大川隆法著『幸福の法』幸福の科学出版
大川隆法著『智慧の法』幸福の科学出版
大川隆法著『幸福の科学大学創立者の精神を学ぶⅡ（概論）』幸福の科学出版
「ザ・リバティ」（二〇一七年九月号）幸福の科学出版
三上真司著『レリギオ〈宗教〉の起源と変容』春風社

キケロー著『キケロー選集11』岩波書店
P・G・ハマトン著『知的生活』講談社
渡部昇一著『クオリティ・ライフの発想』講談社文庫
渡部昇一著『日本人の気概』PHP研究所
斉藤剛著『大蔵大臣・水田三喜男』中央公論事業出版
ショウペンハウエル著『読書について』岩波文庫
渡部昇一著『指導力の研究』PHP文庫

第2章

大川隆法著『生命の法』幸福の科学出版
大川隆法著『カント「啓蒙とは何か」批判』幸福の科学出版
大川隆法著『マックス・ウェーバー「職業としての学問」「職業としての政治」を語る』幸福の科学出版

大川隆法著『資本主義の未来』幸福の科学出版

大川隆法著『大川隆法霊言全集　第9巻』幸福の科学

大川隆法著『「エル・カンターレへの祈り」講義』幸福の科学

大川隆法著『幸福の科学の十大原理（下巻）』幸福の科学出版

大川隆法著『黄金の法』幸福の科学出版

大川隆法著『マルクス・毛沢東のスピリチュアル・メッセージ』幸福の科学出版

マックス・ヴェーバー著『プロテスタンティズムの倫理と資本主義の精神』岩波文庫

金井新二著『ウェーバーの宗教理論』東京大学出版会

マックス・ウェーバー著『職業としての学問』岩波文庫

カール・レヴィット著『ウェーバーとマルクス』未来社

マリアンネ・ウェーバー著『マックス・ウェーバー　Ⅰ』みすず書房

R．K．マートン著『復刻版　社会理論と機能分析』青木書店

第3章
大川隆法著『復活の法』幸福の科学出版
大川隆法著『他力信仰について考える』幸福の科学出版
大川隆法著『沈黙の仏陀』幸福の科学出版
大川隆法著『禅について考える』幸福の科学出版
大川隆法著『黄金の法』幸福の科学出版
大川隆法著『不成仏の原理』幸福の科学出版
大川隆法著『目覚めたる者となるためには』幸福の科学
大川隆法著『仏陀再誕』幸福の科学出版
大川隆法著『はじめての信仰生活』幸福の科学
大川隆法著『幸福の科学の基本教義とは何か』幸福の科学出版
大川隆法著『愛、自身、そして勇気』幸福の科学
大川隆法著『逆境の中の希望』幸福の科学出版

「アー・ユー・ハッピー？」（二〇一二年九月号）幸福の科学出版
ウォリス・バッジ編『世界最古の原典 エジプト死者の書』たまの新書
親鸞著『親鸞和讃集』岩波文庫
親鸞著『教行信証』岩波文庫
道元著『正法眼蔵一～四』岩波文庫
道元著『正法眼蔵1～4』河出書房新社
道元著『現代文訳　正法眼蔵　5』河出文庫
高崎直道、梅原猛著『仏教の思想　11　古仏のまねび〈道元〉』角川書店

第4章

大川隆法著『新時代の道徳を考える』幸福の科学出版
大川隆法著『現代の自助論を求めて』幸福の科学出版
大川隆法著『石田梅岩の庶民繁栄術』幸福の科学出版

大川隆法著『心を育てる「徳」の教育』幸福の科学出版

大川隆法著『ソクラテス「学問とは何か」を語る』幸福の科学出版

大川隆法著『新・心の探究』幸福の科学出版

大川隆法著『真理の発見』幸福の科学出版

渡部昇一監修『国民の修身　高学年用』産経新聞出版社

盛田昭夫著『21世紀へ』WAC

新渡戸稲造著『武士道』岩波文庫

新渡戸稲造著『武士道』三笠書房

R.N.ベラー『徳川時代の宗教』岩波文庫

石田梅岩著『石田梅岩『都鄙問答』』致知出版社

山岡正義著『魂の商人　石田梅岩が語ったこと』サンマーク出版

児玉幸多責任編集『日本の名著26　二宮尊徳』中央公論社

松井健一著『最強の経営コンサルタント　二宮金次郎の教え』かんき出版

ムハマド・ユヌス著『貧困のない世界を創る』早川書房

ウィリアム・J・ベネット著『魔法の糸』実務教育出版

第5章

大川隆法著『フロイトの霊言』幸福の科学出版
大川隆法著『「ユング心理学」を宗教分析する』幸福の科学出版
大川隆法著『超・絶対健康法』幸福の科学出版
大川隆法著『釈迦の本心』幸福の科学出版
大川隆法著『「幸福の心理学」講義』幸福の科学出版
大川隆法著『「成功の心理学」講義』幸福の科学出版
大川隆法著『神理文明の流転』幸福の科学出版
大川隆法著『公開霊言 アドラーが本当に言いたかったこと。』幸福の科学出版
松本滋著『宗教心理学』東京大学出版会
ウィリアム・ジェームズ著『宗教的経験の諸相（上・下）』岩波文庫

ジョセフ・マーフィー著『眠りながら成功する』産業能率大学出版部
フロイト著『幻想の未来／文化への不満』光文社古典新訳文庫
フロイト著『精神分析入門（上・下）』新潮文庫
ジークムント・フロイト著『自我論集』ちくま学芸文庫
小此木啓吾『フロイト』講談社学術文庫
C.G.ユング著『分析心理学』みすず書房
C・G・ユング著『ユング 夢分析論』みすず書房
C.G.ユング著『ユング自伝　1』みすず書房
ケリー・マクゴニガル著『スタンフォードの心理学講義　人生がうまくいくシンプルなルール』日経BP社
アルフレッド・アドラー著『人生の意味の心理学（上）』アルテ
岸見一郎著『アドラー心理学 実践入門』ワニ文庫

第6章

大川隆法著『進化論―150年後の真実』幸福の科学出版
大川隆法著『黄金の法』幸福の科学出版
大川隆法著『青銅の法』幸福の科学出版
大川隆法著『本当に心は脳の作用か?』幸福の科学出版
大川隆法著『Love for the Future』幸福の科学出版
大川隆法著『ソクラテスの幸福論』幸福の科学出版
大川隆法著『神秘の法』幸福の科学出版
大川隆法著『限りなく優しくあれ』幸福の科学出版
大川隆法著『はじめての信仰生活』幸福の科学
大川隆法著『「幸福の科学教学」を学問的に分析する』幸福の科学出版
アーノルド・C・ブラックマン著『ダーウィンに消された男』朝日新聞社
エイドリアン・デズモンド+ジェイムズ・ムーア著『ダーウィンⅠ・Ⅱ』工作舎

ピーター・J・ボウラー著『チャールズ・ダーウィン　生涯・学説・その影響』朝日新聞社
ダーウィン著『種の起原（上・下）』岩波文庫
松永俊男著『ダーウィンをめぐる人々』朝日新聞社
渡部昇一著『人は老いて死に、肉体は亡びても、魂は存在するのか？』海竜社
渡部昇一著『「日本の世紀」の読み方』ＰＨＰ研究所
Ａ．Ｒ．ウォーレス著『心霊と進化と』潮文社
コナン・ドイル著『コナン・ドイルの心霊学』潮文社

著者＝金子一之（かねこ・かずゆき）

1964年生まれ。駒澤大学経済学部経済学科卒業。武蔵野大学大学院修士課程修了。1990年より幸福の科学に奉職。幸福の科学指導局、ヤング・ブッダ渋谷精舎副館長、総本山・那須精舎館長などを経て現在、ハッピー・サイエンス・ユニバーシティ プロフェッサー。著書に『「自分の時代」を生きる』（幸福の科学出版）、『宗教対立を克服する方法』（HSU出版会）、共著に『人間幸福学のすすめ』、編著に『HSUテキスト1 創立者の精神を学ぶⅠ』『HSUテキスト2 創立者の精神を学ぶⅡ』、共編著に『HSUテキスト4 基礎教学A』『HSUテキスト8 基礎教学B』（いずれもHSU出版会）がある。

なぜ宗教が必要か

――HSU的思考で読み解く、宗教と学問のあるべき姿

2020年10月15日　初版第1刷

著者　金子 一之

発行　HSU出版会
〒299-4325 千葉県長生郡長生村一松丙4427-1
TEL（0475）32-7807

発売　幸福の科学出版株式会社
〒107-0052　東京都港区赤坂2丁目10番8号
TEL（03）5573-7700
https://www.irhpress.co.jp/

印刷・製本　中央精版印刷株式会社

落丁・乱丁本はおとりかえいたします

ISBN:978-4-8233-0221-3 C0037

《著者既刊書》人間幸福学研究

人間幸福学のすすめ

ＨＳＵ人間幸福学部編

人間幸福学部教授陣の論文集。宗教学・哲学・心理学・国際教養の各視点から人間幸福学の理解が深まる一書。

1,100円

宗教対立を克服する方法

幸福の科学的「宗教学」入門

金子一之著

なぜ、宗教同士で争うのか？　神は戦いを望んだのか？　世界宗教の膨大な背景知識とその分析がコンパクトにまとめられた、新しい「宗教学」の手引書。

1,100円

「自分の時代」を生きる

霊的人生観と真の自己実現

金子一之著　※幸福の科学出版

「誰でもなりたい自分になれる」をテーマに、心の力の使い方や自己実現の方法を、実践できるかたちで詳しく解説。

1,100円

HSUテキスト1
創立者の精神を学ぶⅠ

HSUテキスト2
創立者の精神を学ぶⅡ

HSUテキスト4
基礎教学A
基本教義概論

HSUテキスト8
基礎教学B
『太陽の法』徹底マスターを目指して

金子一之編著・共編著

各1,500円

いずれもＨＳＵ出版会。価格は税別です。

学部のご案内

人間幸福学部

人間学を学び、新時代を切り拓くリーダーとなる

人間の本質と真実の幸福について深く探究し、
高い語学力や国際教養を身につけ、人類の幸福に貢献する
新時代のリーダーを目指します。

※2年制の国際人養成短期課程を並設しています。

経営成功学部

企業や国家の繁栄を実現する、起業家精神あふれる人材となる

企業と社会を繁栄に導くビジネスリーダー・真理経営者や、
国家と世界の発展に貢献する
起業家精神あふれる人材を輩出します。

未来産業学部

新文明の源流を創造するチャレンジャーとなる

未来産業の基礎となる理系科目を幅広く修得し、
新たな産業を起こす創造力と起業家精神を磨き、
未来文明の源流を開拓します。

※2年制の短期特進課程も並設しています。

未来創造学部

時代を変え、未来を創る主役となる

政治家やジャーナリスト、ライター、俳優・タレントなどのスター、
映画監督・脚本家などのクリエーターを目指し、国家や世界の発展、
幸福化に貢献できるマクロ的影響力を持った徳ある人材を育てます。

※キャンパスは東京都江東区(東西線東陽町駅近く)の「HSU未来創造・東京キャンパス」がメインとなります(4年制の1年次は千葉です)。
※2年制の短期特進課程も並設しています。

幸福の科学グループの教育事業

「エンゼルプランV」

信仰に基づいて、幼児の心を豊かに育む情操教育を行っています。また、知育や創造活動を通して、ひとりひとりの子どもの個性を大切に伸ばします。お母さんたちの心の交流の場ともなっています。

TEL 03-5750-0757
FAX 03-5750-0767
メール angel-plan-v@kofuku-no-kagaku.or.jp

仏法真理塾
「サクセスNo.1」

全国に本校・拠点・支部校を展開する、幸福の科学による信仰教育の機関です。小学生・中学生・高校生を対象に、信仰教育・徳育にウエイトを置きつつ、将来、社会人として活躍するための学力養成にも力を注いでいます。

【東京本校】
TEL 03-5750-0751
FAX 03-5750-0752
メール info@success.irh.jp

「ユー・アー・エンゼル！（あなたは天使！）運動」

障害児の不安や悩みに取り組み、ご両親を励まし、勇気づける、障害児支援のボランティア運動です。学生や経験豊富なボランティアを中心に、全国各地で、集いや各種イベントを行っています。保護者向けには、交流会や、講演・セミナー・子育て相談を行っています。

一般社団法人 ユー・アー・エンゼル
TEL 03-6426-7797
FAX 03-5750-0734
メール you.are.angel.japan@gmail.com

不登校児支援スクール
「ネバー・マインド」

幸福の科学グループの不登校児支援スクールです。「信仰教育」と「学業修行」を柱に、合宿をはじめとするさまざまなプログラムで、再登校へのチャレンジと、生活リズムの改善、心の通う仲間づくりを応援します。

TEL 03-5750-1741
FAX 03-5750-0734
メール nevermind@happy-science.org

大川隆法　講演会のご案内

大川隆法総裁の講演会が全国各地で開催されています。講演のなかでは、毎回、「世界教師」としての立場から、幸福な人生を生きるための心の教えをはじめ、世界各地で起きている宗教対立、紛争、国際政治や経済といった時事問題に対する指針など、日本と世界がさらなる繁栄の未来を実現するための道筋が示されています。

講演会には、どなたでもご参加いただけます。
最新の講演会の開催情報はこちらへ。⟹

大川隆法総裁公式サイト
https://ryuho-okawa.org

入会のご案内

幸福の科学では、大川隆法総裁が説く仏法真理をもとに、「どうすれば幸福になれるのか、また、他の人を幸福にできるのか」を学び、実践しています。

入会

仏法真理を学んでみたい方へ

大川隆法総裁の教えを信じ、学ぼうとする方なら、どなたでも入会できます。入会された方には、『入会版「正心法語」』が授与されます。

ネット入会　入会ご希望の方はネットからも入会できます。
happy-science.jp/joinus

三《さん》帰《き》誓《せい》願《がん》

信仰をさらに深めたい方へ

仏弟子としてさらに信仰を深めたい方は、仏・法・僧の三宝への帰依を誓う「三帰誓願式」を受けることができます。三帰誓願者には、『仏説・正心法語』『祈願文①』『祈願文②』『エル・カンターレへの祈り』が授与されます。

幸福の科学 サービスセンター
TEL 03-5793-1727

受付時間/
火〜金:10〜20時
土・日祝:10〜18時
(月曜を除く)

幸福の科学 公式サイト
happy-science.jp

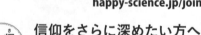